CE N'ÉTAIT PAS DE L'AMOUR

BETTY MANNECHEZ

AVEC JULIEN MIGNOT

City

Témoignage

Photo de couverture : Shutterstock/Studio City
ISBN : 978-2-8246-1835-7
Code Hachette : 39 4558 1

Collection dirigée par Christian English et Frédéric Thibaud
Catalogues et manuscrits : city-editions.com

Dépôt légal : Mars 2021

Ma sœur, ma Ninie,

Je vais donc par ces écrits te bénir en soignant mes maux par les mots de mon cœur.

Tu t'es envolée et moi, impuissante, je t'ai regardée déployer tes ailes. D'un seul coup, ton visage a perdu son masque de souffrance, la paix s'est dessinée sur chacun de tes traits, tu semblais dormir.

Je t'ai regardée pour graver au plus profond de ma mémoire chaque détail de celle que tu étais encore. Je t'ai caressé la peau. J'ai porté ta tête contre ma joue et pour que ma main n'oublie jamais sa douceur, j'ai embrassé tes cheveux, pour respirer ton odeur et ne jamais l'oublier.

Je t'ai répété à quel point je t'aimais pour que cette mélodie t'accompagne tout au long de ton voyage, je voulais que chacune de mes larmes te pousse vers un nouveau bonheur, vers ce paradis que j'imagine si beau, car la terre était pour toi l'enfer.

Tu m'as quittée ! Par amour pour toi, je dois l'accepter, je n'avais plus le droit de te demander de t'accrocher à la vie. Nous étions deux contre tous, et tout n'était que douleur. Tu t'es battue jusqu'au bout de tes forces, et même au-delà, la mort était ta seule délivrance, elle a fini par t'emmener, tu es partie.

Je ne sais pas où tu es, j'attends un signe de toi, je sais que tu me le donneras car tu m'aimes, tu vas vouloir me rassurer.

Tu es dans mon cœur, encore plus profondément qu'avant. Je t'aimerai jusqu'à mon dernier souffle. Je partagerai avec toi tous les bonheurs, ma pensée t'unira à moi sans cesse. Rien ne nous a jamais séparées, ce n'est pas le ciel qui fera barrage à notre amour.

Je me dis que tu es partie en voyage et qu'un jour, je te rejoindrai. Je t'aime, tu le sais, tu m'aimes, je le sais aussi. Ma douleur ne doit pas t'empêcher d'être en paix. Elle est juste le prix de mon amour pour toi. Je vais apprendre à respirer avec elle.

Virginie Mannechez a été assassinée le 7 octobre 2014 par celui :

- qu'elle venait de quitter,
- dont elle avait un fils de 13 ans,
- mais qui était, avant tout, son père biologique.

Introduction

La mort de ma grande sœur m'a fracassée. C'est la personne que j'ai le plus aimée au monde. C'était la seule lumière dans une enfance violentée, abusée, dévastée. Entre nous, il y avait un secret, ce secret que nous ne devions surtout pas révéler à l'extérieur – même nos frères ne savaient pas réellement ce qu'il en était. Ce secret dans lequel nos parents nous ont plongées et verrouillées. Ce n'était pas un joli secret entre deux sœurs adolescentes, mais un secret horrible démontrant que l'être humain est capable du pire : notre père et notre mère nous ont élevées dans une ambiance sectaire totalement incestueuse.

Peut-on guérir d'une enfance malheureuse ?

En 2012, je croyais avoir mis toute mon histoire familiale de côté. Après deux procès d'assises pour inceste, j'ai compris qu'on m'avait encore une fois totalement manipulée pour permettre à nos parents de s'en sortir plutôt bien. Je n'aurais pas dû me laisser embobiner. J'ai accepté. C'est ma faute ! Sauf que quand j'ai compris que cela n'avait été utile qu'à eux et en aucun cas à moi, à nous enfants ou à la Vérité, j'ai alors dit stop ! La famille Mannechez, dorénavant, c'est fini ! Trop de mal, trop de souffrances, j'ai assez donné, j'ai 30 ans, je dois penser à moi et à ma vie, à me protéger et à m'extraire de cette ambiance néfaste.

J'y ai cru pendant deux ans. Je menais ma barque, j'étais sans nouvelles de la famille Mannechez et je ne m'en portais pas plus mal. Sauf que le 7 octobre 2014, avec la mort de ma Ninie, j'y ai été replongée de la manière la plus violente qui soit. J'en suis tombée malade et j'ai fini par comprendre que le seul moyen de m'en sortir était d'avouer toute la vérité, de dire au grand jour ce que nos parents nous faisaient vivre, de mettre chacun face à ses responsabilités, moi compris.

Ce livre est le fruit de ce travail de six ans. Il est dicté par mes émotions. Je ne peux pas dire que cela a été facile, mais c'était nécessaire.

L'inceste prospère sur les mensonges de famille, sur les secrets, sur les non-dits. La société a aussi sa part de responsabilité dans ses regards détournés, dans ces alertes qu'elle ne veut pas voir, dans ces vérités tronquées qu'elle préfère entendre et valider au cours de procès manipulés. Il faut faire exploser tout cela, remettre les parents et les enfants à leur place, et redonner à la vérité son véritable visage. Je ne demande pas l'impossible aux adultes, juste de savoir bien regarder. Et en tirer la conclusion qui s'impose. Charles Péguy disait : « Il faut toujours dire ce que l'on voit ; surtout il faut toujours, ce qui est plus difficile, voir ce que l'on voit. »

Portrait de famille

Il y a deux ans, j'ai récupéré un carton de photos de famille.

Je ne l'ai pas ouvert tout de suite, j'ai attendu de m'en sentir la force, car je savais que cela allait être une plongée dans les profondeurs, sans bouteille d'oxygène.

Et puis, le moment est venu…

Ces centaines de photos sont censées représenter ma famille, la famille Mannechez. En les contemplant, je ne peux refréner un immense sentiment de gâchis car nous avions tout pour être heureux. Si seulement nous avions été la famille qu'on présentait aux autres…

En apparence, ces images racontent une famille française banale, une famille dans laquelle circule l'amour et dont les parents garantissent la sécurité affective des enfants.

Par leur quantité, elles semblent même être une preuve vivante que nous étions unis et si bien ensemble.

Sur cette première photo, nous sommes au début des années 1990 à un mariage. À l'époque, nous n'étions encore que quatre enfants (notre petite sœur, notre petite poupée Coralie*[1], ne nous rejoindra qu'en 1997). Mon père porte le costume cravate et les rondeurs du cadre qui a réussi dans la vie. Il pose en patriarche. Ma mère est en tailleur rose et chemisier blanc, affichant une taille fine que les grossesses n'ont pas altérée, sa jupe courte montrant ses jolies jambes. Virginie et moi sommes bien habillées et belles comme des cœurs. Et mes deux frères, avec leurs casques de cheveux blonds, ont été comparés toute la journée aux fils de Claude François. Mes parents étaient heureux et fiers comme des stars.

Cette photo, c'est un chromo de la réussite à la française : un père qui gagne bien sa vie, une mère au foyer en apparence parfaite qui gère l'éducation de sa tribu, car nous, les enfants, nous ne nous faisions absolument pas remarquer à l'école par des problèmes de comportement. Bien au contraire, nous étions sages comme des images…

Quand nos voisins nous croisaient et nous saluaient, on sentait leur respect parce que notre père avait une plus belle berline qu'eux, une moto pour les week-ends et même un petit avion de tourisme. On nous enviait, nous les enfants, car nous avions justement droit à des tours de voltige aérienne, mais aussi à du karting et du ball-trap, des activités chics et chères. Nous passions pour des privilégiés. Sauf qu'une fois les portes de la maison fermées, notre vie était un enfer que nul ne pouvait imaginer.

---

1. Les prénoms suivis d'une astérisque ont été modifiés.

D'ailleurs, si on regarde plus attentivement cette photo de mariage, on ne voit pas de réels sourires sur les visages des enfants, il manque l'étincelle de la joie de vivre. Et pour cause…

Sur cette deuxième photo, nous sommes au camping de Quiberville. Là encore, la mise en scène de la traditionnelle famille française en vacances est parfaite. Sauf que moi, je sais que ce moment n'a duré que quelques minutes – le temps des photos.

Un quart d'heure plus tard, les garçons étaient expédiés à des activités à l'autre bout du camping, tous seuls. Ma mère et Ninie allaient faire les boutiques, et moi, j'étais abusée par mon père dans la caravane.

Tous les Français attendent les vacances avec impatience. Pas nous ! C'était un tel calvaire qu'au contraire, nous les redoutions. Au moins pendant l'année scolaire, le cauchemar ne commençait que vers 18 ou 19 heures, ce qui nous laissait la journée pour respirer.

Enfin, sur cette dernière série d'images, c'est un Noël en 2000. Il y a une multitude de cadeaux, on pourrait penser que nous étions les enfants les plus gâtés sur terre. En réalité, il s'agissait juste d'un étalage de richesses pour la photo. Nous n'avions jamais le temps, ni le droit de jouer. D'ailleurs, le seul cadeau que nous espérions, et que nous n'avons jamais reçu, ne s'achète pas : il s'agit du bonheur d'être ensemble en famille !

Nous faisons semblant d'être heureux sur ces photos, mais un examen attentif permet de voir que notre joie n'est pas sincère. Et pour cause : nous ne sommes réunis que pour les photos, sinon nous ne jouons pas ensemble, nous ne mangeons pas ensemble. Le repas est servi en deux temps : au salon entre Virginie, mon père et ma mère, puis à la cuisine, entre mes frères et moi. Nous ne faisons pas les courses ensemble, nous n'allons pas à l'école ensemble. Nous ne vivons pas du tout normalement. Nos parents nous divisent pour mieux régner. Si nous avions fraternisé et si nous avions raconté nos expériences respectives, nous aurions représenté une menace et qui aurait pu faire éclater leurs mensonges, alors c'était totalement prohibé entre nous. Nous étions plus isolés que des enfants uniques.

Ces centaines de clichés me fendent le cœur et me font monter les larmes aux yeux. Quel mal se sont donné nos parents pour présenter cette image à l'extérieur !

Aujourd'hui, je sais y voir le mensonge, ce qu'ils montrent et ce qu'ils ne montrent pas. Les moments sont parfaitement choisis, mais finalement assez rares sur une année. Il y a tous les autres moments, qui existent dans les albums photos des autres familles. Nous n'avons pas d'images de nos premiers pas ou du premier moment où on s'est mis debout contre le canapé. Il n'y a pas notre père qui nous donne le biberon ou notre première assiette d'aliments solides. Cela ne servait à rien aux yeux de nos parents. Dans nos albums, on passe directement de la naissance aux

Noëls. Pour la simple et bonne raison que nos parents ne se souciaient pas des autres moments, vu qu'ils ne sont pas destinés à être montrés.

Nous n'avons pas les premières dents tombées et le cadeau de la Petite Souris. Cela n'existait pas chez nous. Il n'y a pas non plus l'apprentissage du vélo avec le père qui accompagne et pousse l'enfant en avant, entre confiance et crainte. Le vélo, nous l'avons appris tout seuls…

Le modèle de mon père était la famille Kennedy, un bonheur très composé qui s'étale sur papier glacé. Denis Mannechez voulait être ce patriarche qui laisse une trace en tant que chef de famille. Et nous, enfants, essayions de respecter ses quatre volontés pour ne surtout pas l'énerver ou le décevoir. Nous n'avions jamais le droit d'être nous-mêmes, d'être de simples enfants, plus ou moins turbulents.

Dès notre naissance, notre père nous a analysés, puis il nous a assigné des rôles, sans se soucier de ceux que nous étions véritablement. Nous avons été projetés dans une prison dès la naissance, sans possibilité de sortie ni remise de peine.

J'ai mis très longtemps à comprendre que nos parents nous ont volé notre enfance et empêché de vivre nos émotions. Nous devions les enfouir derrière un mur infranchissable.

En fait, nous vivions dans une réalité entièrement

construite et formatée. Nous avons été élevés dans un système sectaire avec un père, qui, tel un gourou, décidait de tout, notamment des liens possibles entre chaque membre de la secte et une mère qui, au lieu de jouer son rôle de maman aimante et protectrice, va sciemment participer à cette horreur. Pire, va l'organiser.

Nos parents n'étaient pas des parents, et nous, enfants, étions des jouets vivants, des marionnettes manipulées par notre amour envers eux (car nous les aimions malgré tout) – et, quand cela ne suffisait pas, par leur violence et la terreur.

Nos cœurs, nos vies ne nous appartenaient pas, nous étions condamnés à vivre selon leur bon vouloir, en n'ayant pas réellement le droit de nous aimer nous-mêmes, ni entre nous.

Je ne connais pas « cette main tendre et légère qui vous pousse vers la vie » dont il est question dans l'introduction de *Laura* de Johnny Hallyday, récitée par Nathalie Baye. Notre futur ou notre devenir ne les intéressaient tout simplement pas. Seul comptait ce qu'eux décidaient pour nous.

Je n'ai pas de souvenir d'avoir été réconfortée après une chute ou une mauvaise note à l'école, d'avoir été câlinée dans les bras de mon père ou de ma mère. C'est fou de n'avoir aucun souvenir de sa mère, douce et bienveillante.

Denis, mon père, une seule fois, m'a câlinée.

Je n'avais pas 9 ans. À l'école, j'avais fait un malaise avec perte de connaissance. Immédiatement, j'avais été transportée à l'hôpital sans repasser par la maison. Comme me l'indique mon carnet de santé, j'étais hospitalisée pour malnutrition. Un comble pour une famille aisée ! Pour éviter tout soupçon, mes parents ont prétendu que j'avais tendance à faire de l'hypoglycémie.

Dans ma chambre d'hôpital, je me souviens, je dessinais sur les carreaux de la vitre quand Denis est venu me rendre visite. Je l'ai vu au bout du couloir avec une peluche dans les bras.

Le père rêvé, le papa idéal, j'y ai cru… Mais c'était un piège ! J'ai couru dans ses bras, il m'a enlacée et m'a glissé d'un ton péremptoire au creux de l'oreille :

— Ne parle surtout pas, tu vas guérir…

Encore une fois, ce n'était pas de l'amour, mais la visite d'un cerbère pour vérifier que je garderais bien les secrets et ne parlerais pas aux étrangers, surtout aux médecins, de ce qui se passait à la maison.

D'ailleurs, passé les premiers examens essentiels en pédiatrie, mon carnet de santé reste délibérément vide, tant nos parents craignaient nos contacts avec l'extérieur, sans leur contrôle. Ils savaient que si l'un d'entre eux était présent, nous resterions muets. Sauf qu'en leur absence, dans le cabinet d'un médecin, nous aurions pu parler. Alors, pour ne pas prendre de risques, nous n'étions pas suivis médicalement, sauf en dernier recours et sous leur surveillance. Ils ne devaient pas être à l'aise ces jours-là ! Aujourd'hui, j'ai des problèmes de dos et aux yeux, d'autant plus aggravés qu'ils ont été pris en charge trop tard.

Pour autant, je ne pourrai jamais oublier l'image de mon père dans le couloir avec la peluche dans les bras. Ce moment magique ne s'est jamais reproduit. Même s'il n'était pas totalement sincère, j'aurais tellement aimé vivre d'autres moments comme celui-ci. Mais non, je n'y avais pas droit !

Comment voulez-vous bien vous construire dans un tel contexte ?

Une enfance en prison

L'inceste est un tabou social, mais c'est d'abord une prison imposée aux enfants. On apprend à ne pas parler à l'extérieur, à ne rien dire de nous ni de nos émotions, et donc en définitive à ne pas être nous-mêmes.

C'est pourquoi je n'ai rien « balancé » avant mes 18 ans. Sauf que retenir tout cela n'aide pas à devenir un adulte équilibré.

Et en face, malheureusement, les adultes qui pourraient nous aider ne sont pas prêts à nous entendre, ni à nous voir. Marie-Pierre Colombel, présidente de l'association Enfance et Partage, l'énonce clairement : « La société ne veut pas voir les violences faites aux enfants car c'est une honte au pays des droits de l'homme. Mais c'est bien le rôle de tout citoyen, pas seulement celui des travailleurs sociaux ou de la justice, d'être attentif à ce que les enfants soient protégés et ne subissent pas de violences dans leurs familles. »

Mon cas est loin d'être isolé. Comme le rappelle régulièrement l'Association internationale des victimes d'inceste, cela toucherait environ quatre à six millions de Français. Un Français sur dix. 165 000 enfants victimes chaque année, selon l'association Mémoire traumatique et victimologie. Ces chiffres sont des estimations (nombreuses sont les victimes qui garderont ce secret verrouillé toute leur vie), une projection faite à partir des enquêtes de victimisation. Mais ils sont effarants ! Sur chaque photo de classe, il y a donc entre un et trois enfants qui sont victimes d'inceste. Et ce ne sont pas fatalement les moins souriants !

Ces enquêtes montrent aussi les conséquences pour les victimes. Elles sont destructrices tout au long de leur vie et même des décennies après les abus : dépression, anorexie, suicide ou tentatives, voire, dans le pire des cas, reproduction des abus. Rien d'étonnant à ce que des enfances dévastées donnent des adultes cassés.

Moi-même, je sais que c'est un combat quotidien dont on ne sort pas sans aide, et même malgré cela, les rechutes sont nombreuses. La dernière m'a conduite aux urgences. Trois semaines d'hospitalisation. Démontée par un choc psychologique traumatique (j'ai rêvé que mon père me kidnappait). Résultat : j'étais défigurée par le stress et une urticaire géante me recouvrait tout le corps. Trois hôpitaux différents, deux médecins, des soins et beaucoup de repos m'ont permis de remonter la pente. Mais je n'ai aucune certitude d'en être définitivement libérée.

En plus d'analyser les conséquences, il faudrait aussi regarder les causes et cette réalité en face, essayer de comprendre comment et pourquoi cela est arrivé.

Je me suis donc plongée dans mon histoire familiale.

1

L'union de deux perversions

C'est l'union des deux perversions de mes parents qui a créé notre enfer. Sans doute que séparément, ni l'un ni l'autre n'aurait construit cette « famille de fous » – certainement n'auraient-ils pas eu une famille totalement équilibrée, mais la situation n'aurait pas été aussi extrême.

Je lis beaucoup d'ouvrages de psychologie et d'interviews de spécialistes. Le psychiatre Daniel Zagury, qui a expertisé le couple Fourniret-Olivier est formel : s'ils avaient agi séparément, nous n'aurions pas à déplorer autant (le chiffre n'est toujours pas définitif à ce jour) d'enlèvements, séquestrations, viols et assassinats de jeunes femmes. D'ailleurs, Michel Fourniret, avant de rencontrer Monique Olivier, n'était pas un tueur : « juste » un prédateur sexuel. Et elle, une femme qui avait raté sa vie.

On a parlé d'un pacte diabolique entre eux : ils se sont entraînés dans une spirale criminelle encore bien plus grave. Faute de parvenir à être des gens « biens », (Michel Fourniret avait une soif d'absolu, il voulait être le meilleur ouvrier de France, le meilleur dans tous les domaines), ils sont devenus les meilleurs dans un domaine que peu de personnes leur contestent : le Mal incarné !

« L'Ogre des Ardennes » adore cette image que les médias, la justice et les experts lui renvoient. À ses yeux, il a réussi sa vie : tout le monde le connaît, même si c'est avec dégoût et crainte. Dans les annales criminelles, il laisse une empreinte énorme, même si c'est dans le sang. Il occulte même ses victimes, dont les noms, les visages, et les vies finissent par s'estomper et se confondre, d'une manière totalement injuste.

Car qu'y a-t-il de grand pour un homme puissant et armé de s'en prendre à des victimes beaucoup plus faibles que lui ? Pire ! D'utiliser l'humanité de ses victimes pour les piéger dans sa camionnette ou chez lui (les jeunes femmes pensaient aider une dame perdue à trouver un hôpital pour son fils malade) ?

Ce n'est pas un hasard si je parle du couple Monique Olivier-Michel Fourniret car il existe des ressemblances avec mes parents. Ensemble, Denis et Laurence sont devenus des monstres, alors qu'ils ne l'étaient pas séparément. Ils se sont trouvés, l'un a complété l'autre dans sa perversité. Ensemble, ils ont poussé très loin le curseur et, finalement, ont détruit tellement de personnes. Le psychiatre Daniel Zagury qualifie Michel Fourniret de « tueur en série le plus abouti ». Cette image me hante car avec l'aide de ma mère Laurence, Denis Mannechez est devenu, à mon sens, le père incestueux le plus abouti !

Ils ont mis sous leur coupe – sectaire – toute une famille en ordre de marche dans leur délire commun. Chaque fois que la société a failli s'intéresser à nous, ils ont senti le danger. Nous déménagions dans la nuit pour un endroit encore plus isolé, laissant derrière nous toutes nos relations sociales. Chaque fois que j'ai subi des IVG, alors que je n'avais pas encore de petit copain, ni vraiment l'âge, un discours circonstancié était appris par cœur pour être servi tel quel aux médecins, qui malheureusement n'allaient pas plus loin. Chaque fois qu'une porte de sortie s'entrouvrait, ils la refermaient violemment et nous retiraient encore un peu plus de liberté. Quand, suite à mes dénonciations, mes parents ont finalement été jugés en cour d'assises pour inceste, mon père, avec l'aide de ses avocats, a réussi à manipuler les débats en tordant la vérité, au point de convaincre les jurés de son horrible tas de mensonges.

Comme il avait fait un peu de préventive, il est sorti libre et triomphant de la cour d'assises d'Amiens en 2014, au bras de ma Ninie, qu'il avait désignée comme sa nouvelle compagne et à qui il avait fait un enfant. Un enfant à sa propre fille. C'était comme si la justice, et donc la société, donnait sa bénédiction, et les présentait comme un couple simplement hors normes.

Et quand, deux ans plus tard, Virginie a, à son tour, compris que la situation n'était plus tenable, quand son fils s'est mis à poser de plus en plus de questions, elle a fui. Cinq semaines plus tard, Denis l'a retrouvée et exécutée froidement, ainsi que son patron qui l'hébergeait, avant de retourner l'arme contre lui. Un double drame dont le premier témoin était le fils de Virginie. Depuis un mois, Quentin* savait la vérité sur ses origines. Ce jour-là, il a perdu sa mère, – qui était aussi sa sœur – à cause de son grand-père – qui était aussi son père. Orphelin à 13 ans, avec une histoire familiale impossible à assumer.

Il y a eu trop de drames dans cette histoire, trop de souffrances ! Il y a encore trop de nœuds psychologiques, d'inversions dans notre arbre généalogique et dans les rôles de chacun : il faut dorénavant y mettre de l'ordre, par souci de la vérité, de la justice et pour apporter un peu de paix dans nos cœurs.

2

L'origine des « monstres »

Denis, mon père

Mon père est devenu un monstre, mais il n'est pas né monstre.

J'essaie de regarder sa vie avec un peu d'honnêteté, pas uniquement à travers la haine et le dégoût qu'il m'a longtemps inspirés.

Si incroyable que cela puisse paraître, mon père, qui semait une terreur folle dans notre famille, pleurait beaucoup et souvent. Et c'était à nous Virginie et moi, ses filles, de le réconforter. Déjà, l'inversion des rôles ! C'est terriblement touchant, un père qui pleure à chaudes larmes sur son enfance malheureuse.

Comment vouliez-vous que nous lui refusions nos bras et notre cœur face à ses souffrances d'enfant ?

Et quand, à la fin, il nous demandait si on l'aimait, la réponse était évidemment oui ! Mais nous n'étions pas à même de comprendre que lui entendait cet amour autrement que celui d'une fille pour son père !

Denis n'a pas eu une enfance facile, c'est clair ! Ce n'est pas une excuse ou une justification pour ce qu'il nous fera subir plus tard, juste une explication dans ma volonté de comprendre les causes.

Il est né en 1962 à Fouquereuil, près de Béthune, dans le Pas-de-Calais. Un petit coin de campagne où la devise est : « Heureux avec rien ! » Et pour cause. Dans les fermes du village, quand la misère n'est pas déjà présente, elle se tient en embuscade. Ses parents, Marcel et Noella, étaient fermiers et frustes.

À l'époque, les enfants arrivaient en ordre de bataille. Denis est le sixième, mais le petit dernier. Ses parents s'occupent très peu de lui et lui montrent peu d'amour. Françoise Dolto n'est pas encore passée par là. Alors, mon père grandit comme une plante sauvage, au milieu des quelques animaux de la ferme, dans un univers où l'hygiène est un concept bourgeois. Il est entouré de frères et sœurs plus grands que lui, qui n'hésitent pas à le malmener. Et lui prend cela comme des marques d'affection qui valent mieux que rien.

Je me suis souvent demandé si Denis a été lui aussi victime d'inceste, s'il n'a pas fait que reproduire quelque chose qu'il avait subi enfant, comme cela arrive souvent.

En psychologie, on apprend que si les enfants victimes d'abus en souffrent tous, une fois parvenus à l'âge adulte, il y a ceux qui en sortent difficilement ou jamais, mais qui vivent toujours ce passé comme une douleur déchirante. Et puis il y a ceux qui vont à leur tour devenir agresseurs, comme une tentative de vengeance sur leur passé. « J'ai été victime, je ne veux plus être victime et quel est le meilleur moyen de ne plus être ? Devenir agresseur à mon tour, changer de rôle et de place dans cette dualité auteur/victime. » Comme il est difficile de se regarder dans la glace en sachant qu'on est un salaud qui agresse des enfants, on commence par prendre de petits arrangements avec la vérité : « Moi aussi on me l'a fait, je n'en suis pas mort, ce n'est pas si grave, j'y ai même parfois pris un plaisir coupable » – d'où le discours tenu à leurs victimes : « Laisse-toi faire, tu verras, cela fait du bien, c'est de l'initiation, et puis, cela arrive dans toutes les familles ! »

Pour autant, il ne faut pas en parler à l'extérieur, sinon la tempête va s'abattre sur toi et les tiens.

Pourquoi ne pas pouvoir parler de ce qui arrive dans toutes les familles ? Les agresseurs incestueux n'ont jamais la réponse à cette question de bon sens.

De la part de notre père, c'était encore plus pervers : dans le discours, ces faits étaient placés sous le signe de l'amour, salissant inéluctablement ce sentiment pourtant si noble.

Comment ne pas aimer ses parents ?

Comment refuser de dire à ses parents qu'on les aime ?

Comment ne pas accepter leur amour ?

Je n'ai bien sûr jamais pu demander à mon père s'il avait été victime d'inceste enfant et, si oui, par qui. Enfant, je ne supportais pas ce que nos parents nous faisaient subir, mais comme ils mélangeaient tout, j'aurais été bien incapable de qualifier cela d'« inceste », interdit par la loi et contre lequel je pouvais demander de l'aide au corps social. Ma seule réalité était le monde Mannechez, avec ses règles et ses lois propres. Nos parents nous élevaient dans l'idée que ce qu'on vivait était normal et que l'extérieur ne devait pas savoir et ne pouvait pas comprendre. Notre seule réalité était notre famille. Je n'ai donc jamais interrogé mon père. Visiblement, je ne suis pas la seule !

Cette question de « Denis victime enfant » n'a quasiment jamais été abordée au cours des trois procès d'assises dans lesquels mon père a été accusé. Même dans l'enquête, on sent que ce n'était pas spécialement investigué. Toujours ce problème de n'agir que sur les conséquences et jamais sur les causes.

Mais une petite phrase au détour d'une audition m'a mis la puce à l'oreille. Il y parle de Nicole*, sa sœur aînée de quatre ans (est-ce si bizarre si c'est d'elle qu'il restera le plus proche jusqu'à la fin ?) et il est question de « jeux sexuels » entre eux alors que Denis avait tout juste 10 ans. À l'époque, faute de moyens de leurs parents, ils dormaient dans le même lit. Je n'en saurai pas plus. Ma tante niera toujours. Je devrai me contenter de l'évocation de ces « jeux sexuels » entre une sœur et son petit frère, qui n'expliquent pas vraiment pourquoi notre père s'en prendra à Virginie et moi.

Selon Denis et les psychiatres qui l'ont expertisé, l'explication viendrait d'ailleurs. Sa perversité serait le résultat du double drame que Denis a vécu : la séparation de ses parents en 1967 (le divorce sera prononcé deux ans plus tard), puis l'abandon par sa mère.

« À partir de 5 ans, ma mère m'a abandonné », dira-t-il pendant son expertise. La raison invoquée pour la séparation est simple : « Ma mère ne voulait pas un septième enfant avec mon père. » Lui-même était peut-être déjà « l'enfant de trop » ?

À partir de là, la nichée se disperse. Denis a vécu ce moment comme une blessure qui ne se refermera jamais complètement. Il dira toujours qu'il n'a pas eu de famille pour s'occuper de lui. Les aînés s'émancipent : « Ma sœur s'est mariée à 15 ans, mon frère aîné est parti. J'aurais voulu être l'aîné pour aider mes frères et sœurs, ce qu'eux n'ont jamais fait. »

Pour sa part, Denis, petit dernier, est placé chez sa grand-mère (sa seule référence familiale positive), malheureusement très âgée : « Ma grand-mère était malade du cœur, donc j'étais une trop grosse charge pour elle. Elle ne pouvait pas m'élever. Un juge des enfants m'a alors placé dans un foyer, une maison de correction à Roubaix. C'était rempli de voleurs et de drogués, comme deux clans, et je n'appartenais à aucun. Donc encore une fois, je n'avais pas ma place. »

La conclusion des experts psychiatres sur cette période est sans appel : rejet massif par le couple parental, avec le sentiment d'avoir été pour les parents un enfant en trop, un poids ou une gêne. Denis estime avoir été laissé pour compte. Ce qui a lourdement perturbé l'intégration d'une représentation positive de la sexualité adulte et paralysé l'élaboration de la différence des sexes et des générations.

Mais ce n'est, hélas, pas tout ! S'il n'y avait que cela, il aurait sans doute pu se construire, en particulier s'il était tombé sur de bons référents, les fameux « tuteurs de résilience » de Boris Cyrulnik. Malheureusement pour Denis Mannechez, ce ne fut pas le cas. Le week-end, Denis pouvait aller chez son père ou chez sa mère. Et là, le rejet va être encore plus violent.

Chez son père, la situation est compliquée car celui-ci s'est immédiatement remis en couple avec une autre femme : « Elle avait un fils d'un premier mariage, un fils et une fille d'un second. Par conséquent, on était six (avec son père et lui) dans un petit appartement. » Clairement, cette belle-mère ne fait aucune place à Denis et son père aura la lâcheté de toujours donner la préférence à son couple par rapport son fils.

Et les plus grands de cette famille recomposée s'en donnent à cœur joie contre « l'intrus » : « J'étais battu, très malheureux. Je n'avais pas de famille. » Sa belle-mère met à jour une vérité douloureuse pour Denis :

« Ma belle-mère a convaincu mon père que je n'étais pas son enfant », ce que confirmera sa mère Noella plus tard : au moment de l'arrivée de Denis, ses parents n'étaient déjà plus un couple uni. Une très bonne raison pour ne pas s'occuper du « bâtard ». Donc il n'est pas rare que quand il arrive le week-end avec son paquetage, Denis trouve porte close, ou qu'on le remette immédiatement dans le train.

Pour autant, mon père gardera toujours une affection pour son père Marcel, et, comme lui, se passionnera pour la colombophilie. Dans toutes les maisons où Denis a vécu, il a construit des cabanes dans le jardin pour ses oiseaux, puis pour ses enfants.

Marcel, ce père aimé malgré tout, est décédé en 2013, à 79 ans. Quand Marcel venait chez nous, on sentait que Denis était fier de lui alors qu'il n'a jamais été question de rencontrer sa mère, sur laquelle il avait tiré un trait. Il ne voulait plus en entendre parler, elle n'existait plus !

La raison en est simple : si chez son père, Denis trouvait porte close, chez sa mère, la situation est encore pire et il arrive toujours comme un chien dans un jeu de quilles. À chaque fois, elle est avec un compagnon différent et alors que Denis aimerait qu'elle se consacre un peu à lui, elle s'enferme dans la chambre avec son nouvel amant pour s'adonner à des ébats dont le bruit et l'ambiance résonneront toujours comme une scie électrique dans les oreilles de l'enfant. Le week-end s'écoule ainsi et quand il repart au foyer, Denis n'a partagé aucun moment avec sa mère. Il s'en éloignera vite, la considérant comme une putain. Et son image de la femme en découlera : pour lui, fatalement, une femme a le démon entre les jambes et couche avec tout le monde. Il a toujours manifesté une énorme colère contre sa mère, considérant que s'il était un enfant mal-aimé, c'était à cause d'elle.

En 1977, alors qu'il a 15 ans, Denis vit l'autre drame de son enfance : la mort de sa grand-mère. C'était prévisible vu le grand âge de cette dame, mais il va le vivre comme une cassure. Sans ce pilier d'amour, il s'est senti complètement abandonné, inexistant. Seul, il n'a pas eu le temps de se construire dans ses émotions, d'acquérir une petite assurance qui lui aurait permis de voir la vie autrement, plus sereinement. Ses bases ne sont pas saines, il s'est nourri du rejet et il va se construire uniquement dans la rage. Rebelle à toute forme d'autorité.

Au foyer à l'époque, il a subi un examen psychologique dont le résultat permet de comprendre toute sa vie professionnelle et sa structure intellectuelle : « Désir de reconnaissance et de valorisation, notamment à travers une activité. »

Denis le sait, le sent, il est plus intelligent que ses camarades. Il peut espérer aller beaucoup plus loin. La vie de jeune fermier ne peut pas lui suffire, il est très ambitieux et il a une revanche à prendre sur sa propre enfance.

Ayant trop entendu qu'il n'était rien, il n'a qu'une envie : prouver qu'il est quelqu'un et qu'il vaut quelque chose. Il se met au défi et va montrer à ses parents et à ses frères qu'il vaut mieux que cela. Scolarisé jusqu'à la seconde, il comprend que le système scolaire est trop lent et fermé pour lui. Il ira plus vite tout seul en bûchant dans son coin. Il commence à travailler et poursuit des études par correspondance. « J'ai choisi de travailler pour assurer mon autonomie à 16 ans. »

Il se lance dans la mécanique et l'électronique et, tout seul, va devenir ingénieur. En effet, lorsque l'informatique apparaît à la fin des années 1970 et au début des années 1980, certains se gaussent et pensent que c'est une activité de « boutonneux » semi-autistes – sauf que ces passionnés vont devenir les nouveaux maîtres du monde.

Denis est capable de démonter un ordinateur et de le remonter pour comprendre comment il fonctionne. Il a la passion et le génie de la mécanique et de l'informatique. Il dévore les livres sur ces thèmes, les comprend et les « digère » avec une efficacité redoutable. Il vise haut et se donne les moyens d'atteindre ses objectifs. Il se fixe un objectif et des étapes, puis il fonce. Il réussit vite, très vite. Il ingurgite tout. Il ne se donne aucun droit d'échouer dans ce qu'il entreprend.

Mon père nous a toujours épatés intellectuellement, et j'imagine qu'il impressionnait aussi beaucoup d'autres personnes.

Rapidement, il passe de réparateur télé à ingénieur électronique. Il deviendra directeur des services après-vente d'une société picarde. Puis, il créera sa propre société de vente de logiciels. Mon père a toujours très bien gagné sa vie. Quelle revanche sur son enfance misérable.

Dans le même temps, mon père est un passionné de vitesse. Il a toujours possédé des berlines puissantes, et les week-ends, il fait de la moto et du karting. C'est ainsi qu'un jour, il s'est passionné pour l'aviation. Il aurait pu se contenter de modèles réduits, que certains pères construisent et font voler les week-ends, ou d'acheter un ULM (il en avait les moyens), mais ce serait mal connaître Denis Mannechez. Comme à chaque fois, il s'est plongé dans toute la littérature technique qui existait et il s'est construit son avion. Cela a pris des mois, mais à la fin, l'avion volait. Nous avons tous fait des tours avec – je reviendrai plus tard sur une de mes expériences dans cet avion avec mon père. Mais force est de constater qu'il a réussi son pari. Cela vous pose un homme ! Il poussera sa passion si loin qu'il mettra au point un système de détecteur basses vitesses qui lui vaudra la première page dans une revue spécialisée intitulée *Ailes magazines*. Il en sera ravi, comme s'il avait décroché un prix Nobel !

Parti de rien, mais doté d'une forte intelligence, Denis ne s'arrêtait jamais, il emmagasinait toutes les connaissances qui pouvaient l'enrichir et le rendre puissant. Si seulement, cette intelligence avait été utilisée dans un autre but que nous détruire…

Au lieu de l'apaiser, ses réussites professionnelles ne faisaient que démontrer qu'il n'aurait pas dû avoir cette enfance-là. Il s'est construit avec de la rage, de la force, du mal, une revanche à prendre qui ne guérira pas ses blessures d'enfance.

Mais ce n'est pas dans un cadre professionnel ou sportif qu'il a rencontré ma mère. Comme pour la vitesse, la mécanique ou l'informatique, il cherchait à comprendre comment la musique est construite, pourquoi tel morceau fonctionne et pas tel autre. Pourquoi tel enchaînement est-il agréable à l'oreille et pas tel autre ? Ainsi, il est devenu DJ dans les boîtes de nuit du Nord et du Pas-de-Calais. Et c'est là que, un jour, il a « flashé » sur ma mère.

Laurence, ma mère

Laurence, contrairement à Denis, n'a même pas l'excuse de l'enfance difficile. Au contraire, elle est née dans une famille structurante et aimante. Elle était la quatrième et dernière fille, la « chouchoute » de la fratrie. Toute sa famille lui a toujours témoigné de l'attention et de l'amour.

Trop ? Est-ce qu'on peut être trop aimée ? Est-ce qu'un enfant trop aimé n'est pas armé pour la vie ?

C'est en tout cas, ce que raconteront ses frères et sœurs aux deux procès. Pourtant, Laurence ne semble pas l'avoir vécu ainsi. Pour autant, elle sera toute sa vie très autocentrée : « moi d'abord », peu importent les autres – même si ces autres, en l'occurrence nous, sommes la chair de sa chair.

Née la même année que mon père, dans la commune d'à côté, Chocques, ils allaient fatalement se rencontrer un jour.

Son père était mécanicien et sa mère au foyer, et il y avait souvent des querelles dans le couple autour de l'argent, la mère trouvant que le père ne se faisait pas assez payer : « Ma mère m'envoyait chercher sa paye à vélo. Mon père avait bon cœur et pensait d'abord aux autres, quand ma mère ne pensait qu'à elle et ne voyait que par l'argent. » Intéressant, ce goût pour l'argent qui reviendra souvent concernant Laurence…

Adolescente, ma mère aimait la vie, sa liberté, ses sorties.

Alors qu'elle a 16 ans et sort en discothèque, elle rencontre Denis qui est localement la star des pistes de danse, le Travolta de *Saturday Night Fever* (mon père était alors très mince et affichait une assurance à toutes épreuves), les filles lui tournent autour et Laurence en tombe éperdument amoureuse. Un coup de foudre que mes parents revendiqueront toujours, même quand cela ira mal entre eux. Ils ont toujours affirmé que le début était très beau, très pur, très noble.

L'inclinaison de ma mère ne sera pas du tout partagée par sa famille. Clairement, Denis le « péquenot » ne peut pas être un bon parti pour la petite « chouchoute ». Ses parents lui conseillent de revenir à la raison et de le quitter. Finalement, ce sont eux qu'elle va quitter : l'adolescente passionnée n'écoute que son cœur et quitte son cocon douillet pour devenir papillon dans les bras de cet homme qu'elle sent capable de la protéger de tout, et surtout de lui offrir le monde.

Le jeune couple s'installe ensemble. Tout semble leur sourire, ils s'aiment, peu importe qu'ils n'aient rien, ils vont tout construire ensemble et aller plus haut que tout le monde. Ce ne sont pas les médisances de leurs familles qui y changeront quoi que ce soit. « Ma mère m'en voulait énormément, expliquera Laurence. Elle a souhaité que je meure, elle m'a insultée. Mais Denis m'a sortie d'une famille où je ne me sentais pas véritablement aimée, car ma mère faisait des différences entre les enfants. Denis m'aimait comme jamais personne ne m'a aimée. »

La rencontre fusionnelle de deux solitudes ? Ensemble, ils sont plus forts. Ils sont pourtant très différents dans leur état d'esprit et leurs raisonnements. Mais tous les deux sont peu structurés, ils ont peu de repères, ils ne prendront jamais le temps de se construire, de se consolider. Ensemble, ils pourront aller dans toutes les dérives.

Le conflit avec la famille de Laurence ne sera jamais enterré, il va même précipiter les événements. Après les conseils est venu le temps des ultimatums et des menaces, puis leur mise à exécution : les parents de Laurence portent plainte pour détournement de mineure. Laurence a alors 17 ans, presque 18 et Denis tout juste 18 ans. La plainte aurait sans doute été classée sans suite par la justice, mais les jeunes amoureux vont trouver une parade encore plus forte…

Très vite en effet, Laurence affiche un ventre qui s'arrondit inexorablement. L'heureux événement à venir oblige tout le monde à enterrer la hache de guerre… et à organiser le mariage.

Il aura lieu au village le 15 novembre 1980. L'ambiance est glaciale et les sourires de façade, mais Laurence et Denis s'en moquent, ils ont gagné la paix et ils ne vont pas cesser de montrer au monde entier qu'ils s'aiment et qu'ils vont tout réussir dorénavant. Laurence n'aura jamais à travailler avec Denis, elle sera femme au foyer d'une tribu de Ch'timis.

Clairement, mon père n'a pas eu la même enfance que ma mère et pouvait se dire, en s'unissant à elle : « Tu es à moi et à moi seul » tandis que ma mère a très vite compris qu'à ses côtés, « il ne pourrait rien lui arriver, elle aurait le droit de tout, elle aurait tout ».

L'amour entre eux était indiscutablement présent, et on sent que chacun tire profit de cette force. Que l'un et l'autre ont quelque chose à gagner à être ensemble et que ce quelque chose les unit fort. Qu'ils se complètent. Comme un plan.

Mais quel plan ?

Le couple vit renfermé, peu de famille, pas d'amis, peu d'argent. Mais à cet âge, l'amour et l'eau fraîche sont bien suffisants, surtout quand l'ambition est là. Laurence parle d'une période idyllique et ne se souvient d'aucun conflit. La mémoire de Denis est plus précise.

« On habitait dans le village des parents de Laurence, mais dans notre maison à nous. Le 30 novembre (quinze jours après leur mariage), Laurence est retournée chez sa mère, sans raison et alors qu'elle est enceinte de Virginie. Je l'ai mal vécu, je supportais mal l'idée d'une séparation-divorce. »

Denis s'est imposé une mission, l'obligation de tout réussir aux yeux des autres, et voilà que dès le début, Laurence montre, par son comportement versatile, que son couple ne va pas si bien, qu'il ne « la tient pas ». Or il veut, à tout prix, être le patriarche, craint et respecté. C'était sans compter sur la nature de Laurence. « Dans cette phase-là, elle faisait sans arrêt des allers-retours, elle revenait pour faire l'amour et repartait chez ses parents. »

La situation est insupportable pour Denis, mais Laurence va lui faire affronter une épreuve encore plus difficile.

« J'étais seul la nuit de Noël 1980 et j'ai vu la mobylette d'un ex de Laurence devant la maison de ses parents. C'en était trop pour moi. J'ai pris une décision radicale : j'ai donné mon livret de Caisse d'épargne à ma sœur et je suis retourné chez ma grand-mère. Et j'ai fait une tentative de suicide par médicaments. J'ai pris un grand bol, j'ai tout mélangé. Et j'ai tout avalé. Ma grand-mère m'a retrouvé dans un état... Elle a appelé les secours. J'ai été hospitalisé pendant quinze jours. » Denis survit mais se retrouve seul comme jamais, à quelques mois de la naissance de leur première fille. « Laurence n'a jamais téléphoné et n'est jamais venue me voir : je pleurais devant les photos de mon épouse enceinte de mon enfant. »

Nos parents ne nous ont jamais parlé en détail de cette période autrement que comme d'une belle histoire qui naît, qui prend forme et se concrétise avec l'arrivée de Virginie. Finalement, il faut croire que ce n'était pas si beau, si droit, si naturel. Denis racontera à un expert psychiatre sa sortie d'hôpital : « Au bout de quinze jours, cela allait mieux, je suis sorti en me disant qu'il fallait que je refasse ma vie. » De retour chez lui, en prime, il découvre que Laurence a vidé les comptes et se sert de l'argent pour aller, enceinte, danser en discothèque…

Cause de rupture immédiate ? Pas du tout ! Pourtant, par ses agissements, ma mère prouve que dans leur couple, il n'y a pas de bases solides, pas de confiance, pas de respect. Mais il y a un enfant qui grandit dans son ventre, le premier de ce très jeune couple.

Officiellement, mon père a tiré un trait et tourné la page et tout le monde le comprendrait à ce moment-là s'il fuyait. Mais dans la réalité, c'est le contraire qui va se passer : ma mère revient deux mois plus tard et tout reprend comme si de rien n'était. Pour Denis, « tout était bien, j'étais heureux, ma colère était passée ». L'immense mansuétude d'un homme fou amoureux ? J'ai du mal à le croire. Le connaissant, je pense au contraire qu'à partir de là, il a bien cerné ma mère, compris que son point faible était l'argent (et la vie légère) et que tant qu'il la tiendrait ainsi, elle serait à ses côtés. En contrepartie, il pourrait demander ce qu'il voulait. Quelque chose de l'ordre du pacte diabolique, comme chez les Olivier-Fourniret. Ma mère aura l'argent et mon père, sa femme et ses filles dans son lit.

La preuve, selon moi, que Denis n'a pas si facilement « passé l'éponge » sur la conduite inconséquente de sa femme intervient au moment de la naissance de Virginie, ma Ninie, le 24 avril 1981.

Sur le papier, cette naissance est la concrétisation de leur belle histoire, leur victoire sur des passés malheureux. Virginie deviendrait leur raison d'être.

Sauf que dans la réalité, des années plus tard, ouvrant son cœur devant les psychiatres (et espérant apitoyer la justice sur son sort), Denis racontera : « À la naissance de Virginie, je ne pouvais pas la prendre dans mes bras. Pourtant, la maternité, je trouvais cela merveilleux…

Mais cela m'a rappelé ce que Laurence a fait (le tromper, enceinte). J'avais l'impression que le bébé était souillé. C'était plus fort que moi, je n'arrivais pas à prendre ma fille dans les bras. »

Elle est terrible cette phrase car ce nouveau père est fou de bonheur de devenir papa, tout entier tourné vers son premier enfant, cette réussite imparable – Virginie a toujours été un rayon de soleil, déjà bébé. Et pourtant, il se serait empêché d'avoir, avec elle, les gestes tendres et affectueux d'un papa ? Surtout pour avoir plus tard, d'autres gestes impardonnables ? Je suis sûre que Virginie aurait préféré les câlins d'un papa heureux et fier, maladroit et fou de bonheur.

Elle est encore plus terrible, cette phrase, quand on la met en perspective avec ce qu'il nous fera plus tard. En résumé, Laurence, en allant voir ailleurs, alors qu'elle est enceinte, « souille » le bébé. Et Denis, des années plus tard, en abusant de Ninie, la « repurifierait » ??? C'est délirant ! Mais c'est ainsi que mon père l'a pensé.

Souvent, chez les nazis passionnés d'eugénisme, il y a cette dimension de pureté de la race. « Reproduisons-nous entre Blancs aryens » et la race deviendra pure, lavée de tout élément extérieur. Cette théorie va à l'encontre de tout ce que peut nous apprendre la biologie, qui prône le mélange pour la survie et la qualité des générations futures. Notre père était, comme par hasard passionné de ces théories. Les livres et les vidéos à la maison tournaient essentiellement autour de la Seconde Guerre mondiale et d'une race – aryenne – supérieure aux autres. À force d'être répétées en boucle, ces théories tordues devenaient la justification de notre schéma familial sectaire, notre vérité.

Après la naissance de Virginie, au lieu d'en profiter pour poser – enfin – des bases saines et solides à leur couple, mes parents vont avancer au pas de course, sans jamais se structurer. Ils vont enchaîner les naissances en copiant leur modèle. Les Kennedy n'ont pas qu'un seul enfant, donc Denis voulait aussi une grande tribu. Et c'est ainsi que mon autre sœur aînée, Stéphanie, naît le 14 octobre 1982, moins d'un an et demi après Ninie. Une nouvelle étoile au tableau, une nouvelle victoire sur leurs passés, malheureusement de courte durée : Stéphanie décède dans son couffin en janvier 1983, à 3 mois, de la mort subite du nourrisson. Je ne sais rien d'elle, c'est l'enfant dont on ne parlait jamais dans la famille : nulle photo, nulle trace de son existence, comme si elle n'avait pas vraiment existé.

La mort d'un enfant est la pire tragédie que puisse connaître un couple parental normal. La transition du bonheur au drame est tellement brutale ! Et il est rare qu'il soit vécu dans l'unité, chacun reprochant souvent la faute à l'autre, alors que ce n'est la faute de personne – sinon celle du destin. Mais le couple de mes parents n'est pas normal. Incontestablement, il y a alors une bascule dans leur couple, chacun se réfugiant dans son domaine. Mon père le travail, ma mère le foyer.

C'est à cette époque que Denis devient commercial pour une société basée à Paris. Dorénavant, sa vie sera sur les routes et très rarement à la maison. « Je devais trouver mieux comme travail et mettre ma famille à l'abri du besoin », dira-t-il plus tard aux experts pour renforcer cette image de patriarche responsable de sa tribu.

Faute de parler de ce drame personnel, de travailler sur cette profonde tristesse pour l'accepter, mes parents, qui ont à peine 20 ans et deux ans de vie commune, rentrent dans un non-dit qui les éloigne l'un de l'autre. Dans cette période de flottement, ils vont pourtant me concevoir. Je suis leur troisième enfant, une troisième fille.

J'aurais aimé pouvoir leur dire que je comprends que la mort de Stéphanie leur a fait énormément de mal, mais que moi, je n'y suis pour rien. Moi aussi, je suis votre fille. J'existe !

Je nais le 7 septembre 1983 (neuf mois après la mort de ma sœur) sans le même désir, sans le même amour, sans la même envie. Il paraît en plus que je suis le portrait craché de Stéphanie.

Comment trouver ma place dans cette confusion des sentiments ? Est-ce que j'ai été désirée, souhaitée ? Aujourd'hui, je suis convaincue de n'être pas arrivée au bon endroit au bon moment.

Quand il parle de cette période aux enquêteurs, mon père évoquera ma naissance en une ligne : « Betty est née le jour où j'ai signé mon contrat à Paris. » Je ne serai clairement jamais leur priorité.

Mes parents auront toujours avec moi un rapport bizarre. Je suis l'Autre, celle qui a disparu et qu'ils se reprochent mutuellement de n'avoir pas sauvée. Je ne suis pas moi, Betty. Je suis celle qu'ils ont du mal à regarder sans penser à l'Autre. Je n'ai pas ma place et suis loin de m'imaginer que jamais on ne me l'offrira. Dans tous les cas, je ne remplace pas cette sœur disparue dans leurs cœurs. Au lieu d'être surinvestie, comme certains enfants arrivés après un précédent bébé mort-né ou mort en bas âge, je suis sous-investie.

J'aurais pu être un pansement, un renouveau, une soudure, je ne serai qu'un souffre-douleur. Je ne serai jamais réellement une petite fille – il fallait que je sois autre chose, sinon, je les renvoyais à Stéphanie. Donc il y a dorénavant Virginie, « la Duchesse », le symbole de toutes les réussites, et moi : la naissance de l'échec…

Mes parents vont nous construire, Virginie et moi, de manière radicalement opposée. C'est une bonne attitude parentale de ne pas toujours comparer ses enfants, de ne pas souhaiter que le numéro 2 ressemble au numéro 1… Mais là, on parle d'une tout autre dimension. La dimension Mannechez.

Virginie, blond cendré, est la jolie fille, l'enfant rêvée, la collégienne idéale, la princesse, la plus belle, la meilleure. Je serai tout l'inverse avec mes cheveux noir de jais. Progressivement, on m'habille en garçon, on me considère comme un garçon : alors, je vais devenir un garçon manqué. Avec une grande « gamelle », des kilos en trop et un caractère en apparence – en apparence seulement – assez fort.

Mais le plan ne s'arrêtera pas là. Laurence donnera quelques années plus tard naissance à deux garçons, Benjamin* en 1986, et Nicolas* en 1989. Qui, pour le coup, sont des vrais garçons. Mais ils seront toujours mis de côté.

Maintenant que je connais le schéma de mes parents, je vois qu'il est très logique dans sa construction. En effet, il y a toujours un risque dans les familles incestueuses que tous les « garçons-hommes » abusent de toutes les « filles-femmes » : la barrière du tabou une fois franchie, la proximité est trop propice à tous les débordements.

Cela aurait été inacceptable pour Denis Mannechez : il est le seul qui a le droit d'abuser de toutes les femmes. Pas ses fils, d'où leur relégation, non seulement pendant les vacances, mais aussi dans les différentes maisons que nous avons occupées. Je parle peu de mes frères car en fait, nous ne nous connaissons pas ou très peu. Nous n'avons pas le même vécu. Leur position n'a sûrement pas été facile dans l'enfance, et progressivement en grandissant, ils vont se douter du statut qu'occupe Virginie. En revanche, ils ignoreront toujours ce qu'il en était pour moi. Moi, j'étais un garçon manqué, donc pas une fille désirable.

J'étais un peu le punching-ball familial. Quand est venue l'époque des surnoms, Virginie était « la Duchesse », moi, « la Grosse », qui plus tard va se transformer en « Alfred » parce que quand on ressemble à un garçon, il faut être appelé comme un garçon. C'était un jeu marrant qui les réunissait tous contre moi : « Alfred » ! Aujourd'hui, je sais combien ce fut destructeur dans mon lien avec mes frères et sœurs et dans ma construction de femme. À leurs yeux, je ne suis pas une fille. Est-ce que je fais d'ailleurs partie de la famille ?

Il est compliqué pour moi d'évoquer mes rapports avec Virginie car mes parents faisaient tout pour que nous ne soyons pas complices, si bien que même

Virginie utilisait ces surnoms devant les autres. Aujourd'hui, je sais que je ne peux pas lui en vouloir : elle n'avait pas le choix. Mais à l'époque...

Quand nos parents étaient absents, leur formatage disparaissait avec eux, alors nous pouvions être deux sœurs qui partageaient, deux sœurs qui se confiaient des choses, deux sœurs qui se projetaient dans l'avenir. Alors on pouvait rigoler ensemble et se dire combien on s'aimait. Des fois, on avait peur d'être entendues, parce qu'on parlait de sujets interdits, comme nos petites amourettes d'école. On pensait que notre père avait caché des micros dans les murs et qu'il allait débarquer en furie. On avait une peur bleue que notre père soit là ou surgisse de nulle part en sachant ce qu'il y avait dans nos cœurs et nos têtes. Denis Mannechez voulait contrôler nos pensées par la peur et nous empêcher de penser.

Quand ils étaient là, nos parents alimentaient nos dissensions de surface, nous transformaient en sœurs ennemies en créant des jalousies artificielles, par exemple en couvrant Virginie de cadeaux.

À un Noël, Virginie a reçu la maison rose de Barbie, la belle maison de Barbie. Quand on a allumé les lumières, on l'a vue, posée sur la table du salon. Ma Ninie était ravie, elle jubilait comme une jeune fille gâtée. Et moi, j'ai eu droit à un simple poupon qui ne ressemblait à rien. Plus tard, « la Duchesse » a eu une guitare, et moi, un jogging, étant donné mes kilos en trop, ou alors un jeu éducatif pour essayer de me rendre plus intelligente...

Donc, à partir de mes 10 ans, cela devient compliqué entre nous : je vis mal mon image de garçon manqué et je suis devant une sœur qui a tout ce que je désire, sans pouvoir même réellement rivaliser avec elle. J'en arrivais parfois à la détester. Aujourd'hui, je sais que c'est un sentiment créé de toutes pièces, mais à l'époque, tout était fait pour que j'en veuille davantage à Virginie qu'à eux, pour qu'ils se disculpent de leur formatage. Que ce soit Virginie, la responsable : que sa beauté, tout ce qu'elle est et représente, me revienne en plein visage. Comme si c'était moi, la méchante sœur des contes Disney, l'acariâtre, la jalouse, l'envieuse. Que c'était moi le Mal et que je voulais le Mal pour cette famille. Alors qu'eux n'auraient souhaité que notre Bien.

Ils m'ont plongée dans cette culpabilisation toute mon enfance et encore plus quand j'ai tout dénoncé : je faisais voler la famille en éclats, je devais vivre avec ma culpabilité.

J'ai beau me répéter que j'ai bien fait, je n'arrive pas toujours à me convaincre moi-même. Ma seule certitude : j'aime ma sœur et elle m'aimait aussi. Maintenant, il est trop tard pour que nous nous retrouvions, sans nos parents, pour vivre notre sororité. Notre père me l'a prise à tout jamais !

Un peu plus tard, en 1997, on va basculer dans encore autre chose, une nouvelle étape du conditionnement de la secte : notre mère a donné naissance à

Coralie. Pourtant, sur les premières photos, notre petite poupée semble être la fille de Virginie, 16 ans, davantage que celle de Laurence.

Le mélange des genres et les nœuds familiaux sont en route. Il vont faire beaucoup de dégâts.

3

L'Emprise et les violences

Aérodrôme d'Esbly, du côté de Meaux. C'est là qu'était garé le petit avion paternel. Un week-end, alors que je suis ado, mon père me propose de venir faire un tour avec lui. Pas à Virginie, la favorite, ni à notre mère, mais à moi, le vilain petit canard ! Bien évidemment, j'accepte, sans me douter que ce que je vais vivre ce jour-là sera définitivement gravé en moi.

Denis est étonnamment gentil et doucereux avec moi. D'accord, mais pourquoi ? Sûrement pas à cause de mes résultats scolaires. On vivait un tel enfer à la maison que, pour être franche, quand j'étais à l'école, c'était la récréation ! Je goûtais ces heures avec un plaisir, sans jamais me soucier de mes résultats ou de mon futur professionnel. Et bien évidemment, à force, cela finit par se voir.

Nous prenons place dans l'avion, mon père ne dit pas un mot. On monte dans les airs, on monte, on monte, je trouve le paysage superbe vu d'en haut et suis totalement insouciante. Puis, une fois très haut, Denis, se tourne vers moi, et là, je panique car il a son regard de mort et il m'annonce :

— C'est fini tes conneries à l'école, tu vas travailler, avoir de bons résultats et surtout obéir !

Une sueur froide commence à me parcourir l'échine.

— Parce que tes profs nous parlent de décrochage scolaire, tu sais ce que c'est, un décrochage ?

— Bah, non.

— Ben, je vais t'expliquer.

Et là, il baisse le manche au maximum et nous précipite dans le vide. L'avion plonge à une vitesse vertigineuse avec un bruit qui fait « pchchchch ». À ce moment-là, je sais que je vais mourir. Je suis déjà morte. Et ce n'est qu'au dernier moment qu'il redresse l'appareil en me disant d'un ton patelin :

— J'espère que tu as compris la leçon.

La peur de ma vie !

Encore une fois, Denis me montrait qu'il avait droit de vie ou de mort sur nous et qu'il était prêt à tout pour qu'on ne l'oublie pas.

D'ailleurs maintenant, quand j'y pense, dans toutes les activités qu'il faisait avec nous, il y avait une possibilité de mort : le ball-trap, la chasse, la moto, la vitesse… Je déteste tout cela aujourd'hui. Même quand j'emmène mes enfants au parc d'attractions, je ne monte jamais dedans, c'est totalement impossible pour moi. Je revois la scène de l'avion, elle m'envahit ! Avec le regard de mon père qui dit : « Tu marches droit ou c'est terminé pour toi. » C'est là-dedans que j'ai été construite. On ne s'en détache jamais totalement.

Chez nous, c'était « marche ou crève ! ».

D'autant plus qu'entre nos parents, il n'y avait pas de faille dans laquelle nous aurions pu nous engouffrer, enfants. Jamais ma mère ne s'interposait entre nous et notre père. Elle justifiait toutes ses violences, c'était de notre faute, parce qu'on n'avait pas respecté telle ou telle règle. Mon père pouvait être absent dans la journée, il savait très bien que sa femme lui raconterait tout. Elle ne gardait aucun secret. Même nos bêtises les moins importantes étaient répétées.

Était-ce parce qu'elle était trop faible pour l'affronter ? C'est ce que je croyais à l'époque. Et sa propre sécurité physique en dépendait. Plusieurs fois, j'ai vu ma mère se prendre une « dérouillée ». Pour autant, maintenant que je suis mère à mon tour, je ne peux pas lui pardonner de ne pas être intervenue en notre faveur, de ne pas s'être interposée. Elle était une adulte, nous étions des enfants, elle l'avait choisi, pas nous. Elle était notre mère et nous ses enfants. Son rôle était de nous protéger contre tout, même contre son mari !

En contrepartie de sa faiblesse, notre père ne supportait pas que l'on manque de respect à notre mère qu'il décrivait sans cesse comme une « bonne mère ». En conséquence, ils pouvaient compter totalement l'un sur l'autre, pour notre plus grand malheur ! Et face à ce bloc compact, entre les enfants, c'était « chacun sa merde » quand la pluie s'abattait sur nous.

L'emprise de notre père menaçait même nos pensées. Nous n'avions pas le droit de divaguer, de rêver. Nous étions toujours occupés. S'il nous voyait sourire ou rire, sans que cela vienne de lui, il devenait méfiant : « Pourquoi tu souris ? » Ce sourire était interprété comme la preuve que nous n'étions pas sous emprise.

Avec son regard, il m'analysait, me scannait, m'interrogeait comme si j'avais fait quelque chose de mal, même quand je n'avais rien fait. J'étais toujours plongée dans la culpabilité. Je trichais à l'extérieur pour laisser croire que je vivais dans le meilleur foyer qui soit, et à la maison, je trichais pour avoir l'air le plus innocente possible.

Mais Denis n'était pas aveugle. Au contraire, il avait un regard terrifiant. Un regard plein de menaces, qui nous maintenait dans la peur. Comme si nous étions toujours coupables.

Quand mon père rentre du travail, on entend le moteur de sa voiture de loin. Alors on lâche tout, voisins et jeux, pour filer à la maison, car nous sommes censés être tous à l'intérieur quand il passe le pas de la porte. À ce moment-là, on entend une mouche voler, il n'y a pas un sourire, rien. On sentait le froid et la peur. Il nous pose des tas de questions, on a intérêt à avoir réponse à tout, sinon cela va mal se passer. Il ne s'agit pas de questions sur notre journée – comment on va, comment s'est passée l'école, s'il y a eu une dispute entre nous, non, cela lui aurait permis de nous connaître et de nous élever en tenant compte de nos personnalités différentes. Non, lui a juste besoin qu'on le craigne et qu'on ne pense pas par nous-mêmes. Ses questions concernent donc uniquement notre comportement à l'extérieur et la réussite des missions qu'il nous a confiées le matin.

Quand il rentre, je dois lui mettre ses chaussons. Quand il est à table, je dois rester attentive, quand il fait tinter sa fourchette sur son verre, cela veut dire que je dois remplir son verre vide. Et vite, même si je suis à l'autre bout de la maison. Vous me direz qu'il pourrait le faire lui-même, vu que la cruche est à côté de lui. Mais alors, c'est que vous ne comprenez rien à l'autorité qu'il exerce !

Je dois lui verser la quantité exacte d'eau (mon père boit très rarement d'alcool. Est-ce pour toujours garder le contrôle ?) sans qu'une seule goutte s'échappe. Je tremble de peur pourtant en versant. Et je repose la cruche exactement à la bonne distance de son verre.

Le repas terminé, tape des mains. Il faut débarrasser vite et sans faire de bruit.

Idem pour la salle de bains : elle doit être prête à son passage, le chauffage mis, le bain à température, les produits à leur place. Surtout, qu'il ne manque de rien pendant sa demi-heure de toilette !

Sur la petite table du salon, il doit y avoir son programme et sa télécommande, disposés exactement comme il l'aime. Les rares fois où nous regardons un programme avec nos parents, c'est toujours sur la Seconde Guerre mondiale, avec son idole de toujours, Hitler. Un homme d'ordre et de grandes ambitions, qui a été si mal compris en son temps ! Maintenant, quand je regarde cela avec distance, je comprends combien nous vivions dans un monde de fous : son modèle ultime était un des plus grands criminels du XXe siècle !

J'ai été énormément frappée par mon père. Mais pas que frappée. Notre père faisait preuve d'une créativité sans bornes pour ce qui concerne les punitions. Des punitions très chronophages, histoire de nous empêcher de penser. Il y avait celle, stupide, qui consistait à nous faire recopier le règlement intérieur du collège. Cela prenait trois heures. Donc, si c'était un jour sans classe, il me demandait cinq copies. Cinq fois trois heures. Ainsi ma journée était passée sous son emprise. À force, je connaissais par cœur ce foutu règlement, je ne le copiais plus, je l'écrivais de mémoire. Je crois qu'encore aujourd'hui, je serais capable de le réciter. Les directeurs d'école ne se doutent pas un seul instant que leurs règlements gagneraient à être beaucoup plus concis !

Une seule fois, ma mère est venue à mon aide. Enfin, à sa manière :

— Tu fais le ménage à ma place, pendant ce temps-là, je vais traîner avec les copines et ce soir, on donnera à ton père les règlements que tu as faits hier.

Elle ne me propose pas d'aller faire du shopping entre filles. Non, juste de la remplacer dans ses tâches pour lui libérer du temps à elle !

Je fais le ménage toute la journée. Tout est nickel au retour de ma mère, quelques minutes avant le gong. Je lui demande les copies, elle me dit qu'elle ne sait plus où elles sont… Tout de suite, j'imagine le drame, je panique. Elle me demande ce qu'on va faire. Je lui réponds que je n'ai pas le choix :

— Je vais dire la vérité, sinon ce sera encore pire !

— Quelle vérité ?

— Que tu es sortie et que j'ai fait le ménage toute la journée car la maison en avait besoin (même si on le faisait tous les jours).

Là, c'est elle qui panique ! Effrayée, elle fouille partout et retrouve les copies juste avant que le paternel passe le seuil.

Faisait-elle cela uniquement pour me faire flipper ou les avaient-elles réellement égarées ? Je ne saurai jamais. Quand ce n'était pas l'emprise de l'un, c'était l'emprise de l'autre !

Heureusement, l'échange de copies est passé sans difficulté ce jour-là. Pour autant, cette solution ne pouvait pas durer. L'animal est malin et fourbe : il s'est vite douté du subterfuge et, par conséquent, a demandé que le règlement soit copié sur des papiers de couleurs différentes. Le lundi, en violet, le mardi, en rouge, le mercredi en vert… Et c'est lui qui les jetait à la fin. Avec lui, la menace était toujours présente et les châtiments violents. Et je n'étais pas la seule victime.

Au troisième procès, en décembre 2018, mon petit frère Nicolas s'est approché de la barre des témoins. C'est un jeune homme de 29 ans qui a ouvert la bouche, mais c'est un petit garçon qui s'exprime en revivant la scène :

— La cause était toujours futile : une feuille tombée sur la terrasse et non ramassée, par exemple. Alors Denis me faisait venir dans le salon, à l'écart de tous les autres. Premier acte : l'isolement. Il me demandait ensuite d'aller aux toilettes avant, pour la simple et bonne raison que notre père détestait qu'on se fasse sur nous pendant les châtiments. Deuxième acte : la mise en condition. Déjà là, tu savais que cela allait tomber et faire mal. Mais son machiavélisme allait encore beaucoup plus loin. Après, il me demandait de baisser les stores et de fermer les volets, pour éloigner les regards extérieurs. Acte 3 : l'enfermement. Ce que je faisais bien sûr en tremblant comme une feuille. Puis, quatrième acte : il me demandait de mettre la musique au maximum, pour couvrir le bruit du tabassage. Imaginez la terreur de l'enfant pendant ces instants où il comprend que cela va faire très, très mal. Et après, les coups pleuvaient avec une violence incroyable. Il me cognait dessus comme si j'étais un homme, avec les poings fermés, alors que j'avais quelque chose comme 8 ans.

Et Denis accomplissait cela comme, un rituel avec un sang-froid absolu.

Puis Nicolas était envoyé à la cave, privé d'école, pour que personne à l'extérieur ne devine ce qui venait de se passer dans le huis clos familial. Le temps de la cicatrisation et de la disparition des bleus. Bien évidemment, personne n'avait le droit d'aller le voir ou de le réconforter. Il n'y a que notre mère qui pouvait lui apporter une maigre pitance.

Dans toutes les maisons que nous avons eues, Denis Mannechez a pris grand soin qu'elles soient pourvues d'une cave. Pas pour y entreposer des grands crus, mais pour y punir ses enfants. La cave, c'était la pièce que Nicolas et moi connaissions le mieux.

Dans la paire de garçons, celui qui a pris le plus de coups, c'est Nicolas, comme c'était moi dans la paire de filles. Parce que nous n'étions pas dans le schéma de réussite scolaire édicté par le paternel. Mais ce n'est pas pour autant que cela a créé une fraternité entre Nicolas et moi.

Notre père nous a tellement divisés pour mieux régner que nous ne devions pas avoir de moments ensemble, d'intimité ni de discussions. Nous nous contentions de nous croiser dans la journée. Nous sommes une famille abstraite où tous les liens passent par le patriarche. Ce qui fait qu'encore aujourd'hui, nous n'avons rien à nous dire. Nous n'avons pas le même vécu.

Mais la souffrance de Nicolas, je la connais pour l'avoir vécue dans ma chair. Les châtiments étaient tellement réguliers et fréquents, qu'à la fin, tu vis comme s'il était toujours derrière ton dos. À la limite, quand il est devant toi, c'est plus rassurant car tu peux lire sur ses traits et anticiper les problèmes alors que quand il n'est pas là, la menace est moins concrète, mais plus terrifiante.

Et quand il est là, sans vraiment de raison, la punition tombe ! Je ne sais jamais combien de temps cela va durer, ni s'il est conscient que je suis une petite fille et lui mon père. Quand il fatigue des mains, il y a la ceinture, le martinet, le balai, le fer à repasser. Moi, j'ai mal, je suis par terre, je pleure, je fais pipi sur moi. Cela dure jusqu'à mes 17 ans. Je n'ai bien sûr pas le droit de crier. Et pour me faire tomber, sans bruit, il m'agrippe par les cheveux (j'en ai perdu beaucoup à cette époque), me secoue, et ça brûle. Et après, il y a les baffes cinglantes.

L'autre punition à laquelle j'ai eu droit pendant des années et qui, ensuite, a servi sur mon frère Nicolas, c'est : « À genoux ! » Pour la moindre bêtise, si j'avais de mauvaises notes, répondu à ma mère ou n'avais pas fait ce qu'il voulait, j'étais à genoux ! Pas pendant dix minutes, mais toute la fin de journée, les mains sur la tête. À un moment donné, quand on est sur le carrelage depuis longtemps, on a mal aux genoux, on perd l'équilibre. Pour aller aux toilettes, je devais demander l'autorisation. Lui était devant la télé et, de temps en temps, il me regardait pour vérifier que je n'avais pas bougé. Parfois, il se servait même d'un miroir pour n'avoir pas à se retourner. Et moi, j'endurais, mes genoux me faisaient atrocement souffrir.

Parfois, quand il ne regardait que le haut de mon corps dans sa glace, et pour avoir un peu moins mal, je glissais du papier-toilette sous mes genoux. Effectivement, cela fonctionne un temps. « À genoux ! » était une des pires punitions… car en apparence, elle paraît moins violente, mais tous les jours, pendant des heures, pendant des années, cela vous casse.

Je perdais l'équilibre, je fatiguais, et puis d'un coup, sa voix tonnait : « Redresse-toi ! » Il ne fallait pas que je craque. Il fallait garder le contrôle parce que c'était lui qui décidait quand ça s'arrêtait. Cela fait tellement mal qu'on essaie de poser son genou différemment, pour autant la marque sur l'endroit au centre du genou revient immédiatement. Une fois, au bout de trois jours de cette punition à répétition, j'ai eu un bleu à force de rester dans la même position, extrêmement douloureux. Étonnez-vous qu'aujourd'hui encore, j'aie des problèmes aux genoux ! Jamais je n'aurai de carrelage chez moi ! Trente ans après, j'ai toujours cette croix du carrelage imprimée profondément sur mon genou, comme marquée au fer rouge.

À la fin, je préférais une raclée. J'en ai tellement reçu que cela ne me faisait plus grand-chose. À la limite, je le provoquais en lui disant : « Vas-y, tape-moi » car je savais que cela passerait plus vite, je savais que je pouvais encaisser, vu qu'il fatiguait en frappant. Je tenais davantage un raisonnement de « bonhomme » que celui d'une petite fille de 13 ans.

Lors des incarcérations de mes parents (2002-2004), la maison de Cuise-la-Motte, en bordure de la forêt de Compiègne, notre dernière maison, a été vendue et vidée. Le nouveau propriétaire, qui est tombé sur une très belle opportunité (la maison était vendue à pertes pour payer les avocats au plus vite) n'a jamais su ce qui s'était passé dans ces murs. Mais il m'a raconté que sur les arbres et dans la maison, il a décroché une pleine remorque de câbles électriques et de caméras : notre père avait installé un « *Big Brother is watching you* ». Quand il rentrait, il nous disait qu'il allait visionner les cassettes pour voir si nous avions bien accompli toutes nos missions de la journée et que, dans le cas contraire, on aurait de ses nouvelles…

C'était une immense propriété avec plein d'arbres et un terrain particulièrement pentu et, toute la journée, nous devions tailler, dessoucher et déplacer les tas de bois dans un ordre incompréhensible, juste histoire de nous occuper. Et interdiction d'utiliser la scie électrique, tout à la hache. Nous avions localisé chaque caméra, envisagé les espaces non couverts par leurs terribles yeux pour souffler, pleurer, fumer une clope, reprendre notre souffle. Il rachetait souvent des caméras pour couvrir les angles morts. Nous finissions ces journées éreintés et fourbus, les mains pleines d'ampoules, d'échardes, le dos en capilotade. Mais pendant ce temps-là, le maître des lieux savait que ses « esclaves » ne complotaient pas contre lui ni ne préparaient un soulèvement.

Un jour, j'ai utilisé la tronçonneuse pour couper des racines que je ne parvenais pas à trancher à la hache. Lors de son inspection le soir, il a vu l'huile sur l'écorce. Il n'a pas réagi tout de suite, il est allé se doucher. À ce moment-là, Virginie a bondi vers moi :

— Je te préviens, il a vu que tu as utilisé sa tronçonneuse. Il va venir t'interroger. Surtout, ne lui mens pas, parce que ce sera encore pire.

Il m'appelle, j'accours.

— C'est quoi ça ? me demande-t-il en me montrant la trace d'huile.

Au départ, je nie.

— Tu me prends pour un con ?

Et il commence à me frapper avec la plus extrême violence. Alors, sous les coups, j'avoue, mais cela ne l'arrête pas ! Il ne cesse que quand il est fatigué !

À force, nous sommes devenus de simples robots exécutants. Nous nous empêchons de vivre parce que nous n'en avons pas le droit. Nous ne pouvons qu'espérer et imaginer que, dans une autre vie, nous pourrions vivre normalement. Si seulement l'extérieur intervenait ! Mais, comme rien ne se passe, nous nous résignons. Il n'y a rien à faire d'autre que subir !

C'est pourquoi, quand j'étais à l'école, c'était un tel soulagement, une telle récréation que je me moquais des notes et des révisions : je soufflais !

À l'école, j'étais toujours le garçon manqué, avec ses salopettes, jamais dans la séduction bien sûr. Celui qui traînait avec les garçons de la Segpa, parce que je savais que c'étaient des enfants en difficulté et que je voulais qu'ils se sentent comme tout le monde, un petit peu comme moi ! J'étais leur bénédiction, moi, la fille normale d'une classe normale qui s'intéressait à eux et les écoutait ! Au fond de moi, je me disais : *Si vous saviez ce que je ressens... Je vous comprends, ce que je vis est pire, malgré les apparences.* Mais je n'ai jamais osé le leur dire à voix haute. Si on m'avait posé plus de questions, peut-être que j'aurais parlé ?

Pour cela, il aurait fallu que les enseignants passent au-delà de ma carapace. J'étais dans mon personnage de garçon manqué, je souffrais mais je n'en montrais rien. J'avais des allures de catcheuse qui ne se laisse pas marcher sur les pieds, je me bagarrais souvent et je sortais souvent vainqueur. Comment croire que j'allais mal ?

Je me persuadais que ma sœur était heureuse, tout comme ma mère et mes frères. Alors si, moi, j'étais malheureuse, ce n'était pas bien grave : d'autres étaient heureux, non ?

Comme j'étais qualifiée de « grosse », mon père voulait me faire faire de l'exercice. Lorsque nous habitions à Saint-Pathus en Seine-et-Marne, Ninie et moi allions au même collège, à 5 kilomètres de la maison. Mais Denis accompagnait ma sœur en voiture et moi, je devais courir derrière. Partir en même temps qu'eux et ne jamais arriver après la fermeture des grilles, sinon, punition. Donc, après avoir déposé Virginie, mon père repassait devant moi, qui crachais mes bronches, en faisant toujours le même geste de tapoter sa montre pour me rappeler de ne surtout pas avoir de billet de retard. Toujours me faire sentir que je suis moins bien que Virginie, comme une vengeance personnelle... Mais que lui ai-je fait pour qu'il m'en veuille à ce point ?

C'était de la torture et du mépris, tout simplement ! Je ne peux pas croire qu'il était heureux de faire vivre cela à ses enfants. Mais alors, pourquoi ?

À l'école, je me sentais enfin dans mon élément. Mais je voyais aussi à cette occasion que nous n'étions pas une famille normale. J'entendais un ami raconter : « Ce week-end, je vais faire des hamburgers avec maman », ou un autre : « Nous sommes allés faire des courses avec papa. Le soir, nous regardons la télé tous ensemble, puis les parents viennent nous faire la bise dans notre lit. » Pourquoi cela n'existait pas chez nous ? Je savais que c'étaient eux qui vivaient dans la normalité et pas nous. On ne pouvait pas dire qu'on voulait vivre comme nos copines, Denis Mannechez n'aurait pas supporté notre remarque, alors on se taisait.

J'avais du mal à me faire des copines car je n'étais pas une vraie fille, du moins pas vêtue comme telle. Pourtant ma mère, pour se faire bien voir des enseignants et du directeur, offrait des vêtements à l'école. Je vivais donc en plein paradoxe : tandis que j'étais habillée avec des fripes de récupération, pas féminines pour un sou, et je croisais des filles qui me disaient : « C'est ta mère qui m'a offert cette jolie robe neuve. » Que répondre à cela ?

Comment les enseignants auraient-ils pu soupçonner une maman aussi formidable ? Le plus souvent, les parents qui font l'objet d'un signalement sont ceux qui ne nourrissent pas bien leurs enfants, boivent et ont des problèmes de violence. Pas les parents parfaits qui soutiennent l'école dans ses efforts et ses activités.

À la fin du collège et au début du lycée, Virginie avait des notes excellentes quand moi, je stagnais. Mon père, convoqué par un professeur, a eu une réaction étonnante à son retour :

— Si tu travailles mieux et passes en classe supérieure, je te paierai, comme à Virginie, la conduite accompagnée à 16 ans.

Je me suis dit : *Tiens, on a peut-être un père qui se réveille.* Je me retrouve avec quatorze de moyenne et les félicitations quasiment du jour au lendemain. Mes profs ne me reconnaissent pas ! Je suis fière de moi, je passe en troisième, j'ai même mon brevet. Mais ensuite, la conduite accompagnée me passera sous le nez : Virginie commence à décrocher et mobilise donc toutes les énergies parentales.

Je n'ai plus envie d'être le personnage qu'on a construit, j'ai envie de m'occuper non plus de ce que je représente, mais de ce que je ressens, moi, Betty. Après avoir fondu j'ai compris que l'apparence n'a pas de signification : on doit vivre ses propres émotions. J'ai rattrapé l'écart avec ma sœur. Pendant que Virginie triplait sa seconde, je suis passée en première du premier coup. Réaction du paternel :

— Je ne te féliciterai pas, parce que Virginie, ça fait trois ans qu'elle rame et je ne veux pas qu'elle se sente moins bien que toi, donc c'est bien, mais on n'en fera pas tout un fromage.

Je m'en fichais complètement, je m'étais prouvé à moi-même que j'avais quand même un cerveau qui fonctionnait.

Pour la défense de ma sœur, à cette période, elle vit la grossesse, la naissance et les premières années de Coralie comme si c'était sa propre fille. Denis comme Laurence font comme si c'était son enfant. Cela devient n'importe quoi à la maison !

Avec toutes ces violences et cette emprise permanente, on peut croire qu'on a atteint le maximum de ce qu'un père peut faire à ses enfants. Pourtant, Denis, avec la complicité de Laurence, va franchir un cap supplémentaire.

4

Ce que papa me fait, il le fait aussi à Betty

Je ne risque pas d'oublier ce jour-là. Je n'ai rien vu venir. J'étais toute petite, je n'avais pas 10 ans, je ne me rendais pas compte. Pourtant, tout ce que deviendra notre « famille » va être mis en place ce jour-là.

Tout a commencé par la voix rauque de mon paternel qui m'appelait. J'ai monté l'escalier et l'ai rejoint dans sa chambre en me posant mille questions sur ce que j'avais bien pu faire qui mériterait un quelconque courroux. Jamais, en temps normal, nous ne rentrions dans la chambre parentale. Donc fatalement, c'était grave ! Je m'attendais à une « rouste ». Mais ce n'était pas cela ! C'était bien pire.

Je ne peux pas raconter ce qui s'est passé, mais cela ne devrait jamais arriver entre un adulte et une enfant, encore moins entre un père et sa fille. J'étais consciente que ce n'étaient pas des gestes normaux, mais dans le même temps, on m'avait tellement appris à me taire que je n'ai rien osé dire. C'était douloureux et ignoble !

Je sais que c'était un dimanche parce que ma mère était absente de la maison de Saint-Pathus : elle participait au dépouillement du résultat du concours de colombophilie et mon père devait aller la rejoindre pour déposer un document qui s'appelle le constatateur.

Il a abusé de moi en me disant que c'était normal, que cela se faisait dans toutes les familles. Je n'osais rien dire. Surtout ne pas dire non ! Encore moins le renvoyer à son rôle de père ! Mais je sentais bien que ce n'était pas normal. À la fin, je suis nue sous la couverture pendant que mon père se rhabille et j'entends la porte qui se ferme. Il a juste le geste de cacher mon pied qui dépasse du lit parental.

Denis part rejoindre sa femme au dépouillement du concours de colombophilie, comme si tout allait bien. Je sors de sa chambre, je suis mal, j'ai mal, je ne sais pas quoi faire de moi, ni quoi penser ! Je sais que c'est un secret terrible et terrifiant ! Et je me retrouve face à Virginie qui me pose mille questions :

— Où étais-tu cet après-midi ? Je t'ai cherchée partout…

Baissant le visage pour cacher mes larmes lourdes et silencieuses, moi la rebelle grande gueule, je cherche à mentir ! Ninie ne me croit pas une seconde :

— C'est pas vrai ! je t'ai vue dans la chambre des parents, j'ai vu ta jambe qui sortait du lit.

Au lieu de me gronder, ce à quoi je m'attendais, ma grande sœur a l'attitude que devraient avoir tous les adultes : elle me prend dans les bras et me dit que, ensemble nous allons attendre notre mère pour tout lui raconter. Elle, si timide, si renfermée habituellement, voulait faire exploser un secret dont je ne comprenais pas les tenants et les aboutissants !

Nos parents rentrent, mon père va se laver. Virginie en profite, elle me prend par la main et me conduit fermement vers celle qui est censée sauver notre intégrité.

— Ce que papa me fait, il le fait aussi à Betty.

C'est à ce moment-là que j'apprends qu'elle aussi est victime d'inceste de la part de notre père, ce que j'ignorais. *Depuis quand ? Depuis combien de temps ? Pourquoi ne m'a-t-elle rien dit ? L'a-t-elle aussi annoncé à notre mère et pourquoi ne s'est-il rien passé ?*

Toutes ces questions viendront au fur et à mesure, mais à ce moment-là, je suis sonnée, engourdie, je cherche la porte de sortie, et j'espère trouver en notre mère le sauveur… L'espoir sera violemment déçu. Laurence répond :

— Ah bon !

Et elle passe à autre chose : se laver les mains et mettre la table pour le repas du soir… La vie continue, les parents sont là. Tout est normal ? On aurait demandé un bonbon, en dehors des horaires autorisés, que la réaction n'aurait pas été différente.

Ce silence maternel, lourd, injustifiable et insupportable, était tout ce qu'allaient être nos vies d'adolescentes et de jeunes femmes.

Ce qui aurait dû enclencher un tsunami ne provoque rien d'autre qu'un « Ah bon ! ».

Si pour notre mère, ce n'était pas grave, aurions-nous pu être entendues à l'extérieur ? Qui nous aurait crues ?

À cet âge-là, on est convaincus que les adultes ont toujours raison contre les enfants. En parler à l'extérieur ne risquait pas de nous venir à l'esprit, si déjà à l'intérieur du cocon, qui devait nous protéger, le résultat n'était pas plus probant ! Nous avons pleuré longuement ce soir-là, en nous torturant et en nous demandant si finalement, ce n'était pas de notre faute.

Pendant toute l'instruction, les avocats de Denis s'échineront à expliquer que cela a commencé alors que nous avions 15 ans ou presque, ce qui est l'âge de la majorité sexuelle. Pour ainsi minimiser les faits et sa peine. Laurence sera à peine plus objective. Certes, elle a reconnu que les faits ont commencé avant nos 15 ans et elle le maintiendra à l'audience, mais elle fixe les premières atteintes sexuelles (c'étaient des viols, non des « atteintes sexuelles ») sur nous à partir de l'âge de 11-12 ans, expliquant que Denis serait alors devenu plus possessif, nous interdisant de jouer avec nos frères (j'en ai déjà parlé), nos cousins (en particulier le fils de sa sœur Nicole) et les voisins, puis plus tard en s'opposant à ce que nous allions au lycée car nous étions « sa propriété » ! C'est mieux que 15 ans, mais ce n'est pas encore la vérité !

Encore aujourd'hui, je ne sais pas quand cela a commencé pour Virginie, qui avait à peine deux ans de plus que moi, mais je sais que moi, je n'avais pas 10 ans, plutôt 8. Il a été question déjà de mon hospitalisation pour malnutrition. Ce que je ne devais pas dire aux médecins, c'était cela, donc le carnet de santé sur lequel la date de cette hospitalisation est inscrite fait foi : j'avais 8 ans !

Regardez les photos de vos enfants, de vos sœurs à 8-10 ans : voilà ce que Ninie et moi étions. Pas des jeunes femmes en âge de vivre cela, encore moins de la part de notre père. Nous n'étions ni formées, ni dans la séduction. Nous étions des petites filles, plus des bébés, mais pas encore des jeunes filles. Des êtres à protéger. c'est cela que notre père a détruit de la manière la plus ignoble qui soit, et sans que notre mère réagisse. Maintenant que je suis mère à mon tour, je ne peux pas pardonner à Laurence, quelle que soit la menace que pouvait représenter notre père…

Au cours de toute la procédure, Denis se présentera comme une victime. Comme si Laurence, Virginie et moi, étions prêtes à tout pour avoir ses faveurs et qu'il ne savait pas comment réagir face à cela. Il aurait, en somme, choisi une mauvaise solution, mais ce n'était pas de sa faute ! Il y avait une telle demande de notre part...

Il racontera aux experts : « Je bossais comme un fou. Je n'ai pas vu grandir mes filles. Pendant sept ans, j'*é*tais toujours en déplacement. Je les ai réellement retrouvées, Virginie avait 9 ans et Betty, 7 ans. » C'est étonnant qu'il parle de ces âges-là, car à mon sens, c'est plus ou moins, le moment du début des abus. Donc si on l'*écoute, c*'est parce qu'il ne nous considérait pas réellement comme ses filles, mais plutôt comme des personnes extérieures, dont il aurait découvert la féminité, qu'il a agi ainsi.

Il enchaînera : « J'aurais aimé être plus présent. Je suis hyper-affectif avec mes enfants, je ne sais pas comment font les autres parents. » Nous nous serions bien passées de cette « hyper-affection », pour recevoir juste l'affection normale d'un papa, des câlins, du réconfort, de la tendresse...

À écouter mon père, le gros problème à l'époque, c'était plutôt l'attitude dépensière de notre mère. Elle sera condamnée à plusieurs reprises pour cela : Laurence endette le couple au-delà de ses moyens. « Depuis 1987-1988, Laurence dépensait beaucoup. J'avais beau gagner énormément d'argent (500 à 600 000 *francs*, soit 80 à 90 000 euros, en travaillant quinze heures par jour). Mais je ne m'en occupais pas. Moi-même, je dépensais beaucoup en déplacements donc je ne regardais pas les comptes, persuadé que tout allait bien. Jusqu'à ce que je m'aperçoive qu'elle ne payait pas le loyer de la maison. Je suis allé négocier à la Banque de France au moins une quinzaine de fois. »

Dans ce couple qui n'a jamais acquis de bases saines, s'insinue alors un chantage vicieux : « Laurence me menaçait de se barrer avec les enfants. Je ne supportais pas cette menace constante, qu'elle a parfois mise à exécution, mais il suffisait qu'elle revienne pour que j'oublie tout, parce que je l'aime. » En attendant, dans son dos, « elle avait souscrit une dizaine de crédits revolving, elle achetait tout et n'importe quoi, notamment à la Redoute, et elle revendait tout pour avoir du cash. Elle connaissait un receleur. Elle ne m'en parlait jamais. Elle a été condamnée pour vol. J'ai eu des saisies-arrêts sur salaire. Des huissiers… »

Même si ma mère ne connaît pas le mot « kleptomane », c'est bien ce qu'elle était. Quand elle ne recevait pas assez d'argent de la part de mon père, elle volait dans les magasins alentour et revendait les objets dérobés sur des sites de revente en ligne pour obtenir du cash qu'elle dilapidait avec ses copines. C'est pourquoi j'ai vraiment le sentiment d'un pacte diabolique : mon père ferme les yeux sur les vols de ma mère, en contrepartie, ma mère tolère ce que mon père fait avec nous…

Aussi coupables l'un que l'autre !

D'ailleurs, selon le récit de mon père, c'est Laurence qui aurait provoqué l'occasion de la « première fois » avec Virginie (ce qu'elle nie). Ce récit dépasse l'entendement. Il est en tout cas inaudible et incompréhensible pour moi. C'est pourtant celui qu'ils ont fait devant les cours d'assises : Laurence aurait préféré que son mari la trompe avec leurs filles plutôt qu'avec une personne extérieure, afin que cela ne quitte pas la famille, et donc sa maîtrise.

Pour ma part, je persiste à croire que Laurence nous a offertes à notre père pour masquer ses propres turpitudes. La première fois, Laurence aurait « commencé une fellation (sur Denis) » avant de « passer le sexe à Virginie ». Comme si tout cela était normal ! Mais depuis quand les enfants sont-ils présents dans la chambre parentale quand ils ont des relations sexuelles ? Mes parents peuvent réécrire l'histoire autant qu'ils veulent, quand je me souviens dans quel état j'étais la première fois, je ne peux pas croire que cela se soit passé si « simplement » avec Virginie.

Laurence aurait dit à son mari, après cette première fois avec Virginie : « T'inquiète pas ! C'est bon ! » Et Denis ne se serait pas inquiété. Mais il persiste à dire que cela lui semblait bizarre, et donc qu'il était victime d'elles deux, puis de nous trois un peu plus tard ! Pauvre homme, soi-disant ultra-sensible : « J'ai fauté avec mes filles, mais ma femme me disait : tes filles t'aiment ! » Là, nous sommes dans le mélange le plus complet.

Pour se justifier, il a affirmé que nous serions toutes les trois bisexuelles avec de gros besoins sexuels. D'ailleurs, même en son absence, il se serait passé beaucoup de choses avec notre mère… N'importe quoi !

Sa réécriture des faits ne s'arrête pas là. S'il s'en prenait aussi à moi, affirme-t-il, c'était pour éviter que je ne me sente inintéressante face à une Virginie privilégiée. Merci ! D'une part, j'ignorais que Ninie le subissait et, d'autre part, je me serais bien passée de connaître le même sort. En fait, dans le raisonnement délirant de mon père, l'inceste fortifie une famille, « répare » les injustices : Virginie est salie par les actes de Laurence alors que celle-ci était enceinte d'elle, l'inceste nettoie tout cela. Je suis jalouse de ma sœur privilégiée, l'inceste rééquilibre le tout !

Si c'est arrivé, c'est parce qu'il a « beaucoup de responsabilités sur le dos » (son travail, une grande famille, une femme dilapidant l'argent du ménage), qu'il passait « le week-end dans un état second », qu'il suivait « un traitement pour dormir » (Xanax, Imovane et Deroxat). Que d'excuses… Sauf que de tels agissements ne sont pas le fait d'un simple dépassement d'un comportement par ailleurs normal, d'un débordement, mais de quelque chose de plus profond et en dehors de toute normalité !

Il a raconté aux enquêteurs qu'il culpabilisait en nous disant qu'il fallait que cela s'arrête et que nous aurions répondu que « c'était comme cela ! ». La vérité, c'est que c'est nous qui aurions voulu que ça s'arrête. Mais jamais nous n'aurions osé tenir tête à notre père, qui nous terrifiait et nous plongeait dans un monde sans issue.

Pourtant, peut-être qu'à un moment, une issue a été possible. Mais…

En 1999, j'avais 16 ans, nous vivions à Saint-Pathus. Je rentrais de l'école. En arrivant à la maison, j'ai trouvé mon père, pendu dans l'escalier. Il était tout nu et changeait de couleur. J'ai hurlé. Ma mère et la voisine sont arrivées. Ma mère ne voulait rien faire et l'aurait laissé mourir ainsi. Mais pour moi, ce n'était pas possible, malgré ce qu'il me faisait subir, malgré la peur et le dégoût qu'il m'inspirait, je ne pouvais pas laisser mon père mourir ainsi. Je l'ai dépendu avec l'aide de la voisine. Et cela lui a sauvé la vie, au grand dam de ma mère.

Il a alors fait un séjour de quinze jours à l'hôpital psychiatrique. Cela aurait pu être l'occasion d'un déclic pour ma mère ou pour mon père, mais non. Entendu par le chef de service, Denis a minimisé les faits en parlant de « simples » violences physiques : « Au moment où vous êtes dedans, vous ne pouvez pas vous arrêter vous-même. » Il a pris du Deroxat qui lui a fait « prendre du recul par rapport à tout cela » et l'a aidé à ne pas « culpabiliser : ma femme était heureuse, mes filles étaient heureuses. » Quoi ??? On ne nous a jamais demandé notre avis. Peut-être qu'à ce moment-là, notre vie aurait pu basculer : si notre mère avait joué son rôle de protectrice, si ce chef de service avait eu des doutes sur ce qui se passait à la maison. C'est peut-être d'ailleurs ce qui se profilait à l'époque. Car, du jour au lendemain, Denis a arrêté tout suivi et la famille a déménagé dans un endroit encore plus isolé. Sauf que rien n'a changé, malheureusement pour nous.

Après mon premier abus, et face à l'absence de réaction de notre mère, les jours sont passés. Va alors se mettre en place un planning organisé par Laurence qui va « choisir » qui, de Virginie ou de moi, devra monter dans la chambre conjugale pour retrouver notre père. Pendant toutes ces années, de mes 8 ans à mes 18 ans, mes parents m'ont volé ma vie, mon intégrité, mes émotions d'enfant.

Est-ce que Virginie et moi avons été petites filles ? Est-ce qu'on a été adolescentes ? Est-ce qu'on a été respectées ? Est-ce qu'on a été aimées ?

Et puis j'ai eu 13 ans et… mes règles. Je n'avais jamais eu cette discussion fondamentale avec ma mère sur ce que représentait le cycle menstruel dans la vie d'une jeune femme. Donc j'ai pris peur. Je me souviens de ce moment où je le lui ai annoncé. Sa réaction a été à la hauteur du personnage : elle est allée chercher mon père à l'étage. Pour la première fois, mes parents ont eu un sourire à mon égard et m'ont parlé gentiment. Je n'étais plus le vilain petit canard.

Ils étaient assis sur le canapé, main dans la main, moi au centre. Mon père m'a annoncé :

— Je suis content, tu es une femme maintenant.

J'ai d'abord cru que cela voulait dire la fin d'« Alfred », la fin du « À genoux ! », que j'allais enfin devenir Betty avec une chambre à elle, comme

Virginie, et non plus un lit pliant dans un sous-sol avec l'angoisse des araignées. Je me voyais avec des jupes et des cheveux longs, mais j'étais très loin de la réalité. De la réalité de mes parents, dans laquelle j'allais plonger.

Cela n'a rien changé aux abus. Au contraire, cela les a plutôt justifiés, vu que maintenant, j'étais « une femme » ! Donc Laurence, en fonction de ses envies shopping, mais dorénavant aussi en fonction de nos cycles respectifs, décidait qui, de Virginie ou de moi, devait aller retrouver notre père. Je ne sais pas quelle était la fréquence pour ma mère et ma sœur, mais je sais que moi, je montais trois fois par semaine le rejoindre. Avec Laurence ou Virginie, il y avait une histoire d'amour à la base. Pas avec moi : j'étais la remplaçante. Tout ce qu'il me faisait était sale, sans aucune tendresse ni amour, même dévoyé. C'était juste dégoûtant et humiliant ! Comme si à chaque fois, il me punissait d'avoir couché avec un autre, comme l'avait fait Laurence, alors que moi, je ne m'imaginais pas avoir seulement un flirt avec un garçon de mon âge. Il n'y avait que mes parents qui me passaient dessus. En général, mon père commençait. Ma mère devait écouter aux portes, car dès qu'il partait au bout de quelques minutes, elle rentrait dans la chambre et, à son tour, elle me caressait la poitrine. L'horreur ! Parfois, les deux étaient présents. Mon père me touchait et touchait sa femme en même temps. Il prenait la main de ma mère pour qu'elle me caresse les cheveux…

Je me disais : *Je ne suis rien, je suis une merde.* D'autant que, pendant que j'étais victime de ces saloperies, je n'avais qu'une crainte : que mes frères rentrent dans la chambre, comme Virginie l'avait fait. Non, pas mes frères ! Surtout le plus jeune et fragile, cela aurait détruit sa vie. Il n'aurait pas supporté de voir cela. Je vivais alors un cauchemar permanent et je me détestais. Ils me volaient mon corps, le salissaient, ils me volaient mes émotions d'enfant, ces émotions qu'on ne récupère jamais… et m'enfermaient dans une prison psychologique.

Puis, comme il n'y avait aucune contraception à la maison, ce qui devait arriver arriva : moins d'un mois et demi après mes premières règles, je suis tombée enceinte de mon père. À 13 ans !

C'est totalement abstrait pour moi – je suis une enfant –, mais très concret pour mes parents. Alerte, danger ! Il faut me faire avorter ! Dans cette partie, c'est ma mère qui va tout gérer « de main de maître ». Mon père va s'éloigner de l'équation pour éviter tous les soupçons. Là où tout aurait pu exploser, la censure rentre en jeu.

Ma mère me fait répéter le discours à tenir devant les médecins du planning familial : « J'ai été une mauvaise fille, j'ai désobéi, je me suis sauvée pour retrouver mon copain du même âge (sans le nommer et, pour cause : il n'y en a pas), nous avons couché ensemble, et voilà. Mon père ne sait rien et ne doit rien savoir, sinon il va se fâcher très fort, et ma mère est là pour me protéger. »

Dans leur récit, on me fait passer pour une fille facile, à 13 ans !

Terrorisée par mon père et ma mère, je m'exécute comme un bon petit soldat. Ce n'est pas moi que je protège ainsi, mais eux.

C'est terrible, une IVG à 13 ans. Le docteur m'explique que je vais prendre un médicament pour stopper la grossesse et qu'on se reverra dans trois jours à l'hôpital pour régler cela. En attendant, je risque de saigner, mais je ne dois pas m'inquiéter, tout cela est normal !

Le jour affreux arrive, je rentre à l'hôpital, j'ai mal au ventre comme jamais, le médecin me donne le premier médicament et m'explique qu'il y en aura deux autres à prendre toutes les trois heures. Je suis pliée en deux sur le lit avec, à mes côtés, une mère si bienveillante et prévenante… totalement insoupçonnable. Et dans le même temps, dès que nous sommes seules, elle téléphone à mon père :

— T'inquiète pas, c'est en train de se faire !

Mon père, qui a profité de ce moment pour s'éloigner le plus possible. Il est au ski. Avec Virginie.

Je perds mon sang comme une bête, je souffre à en mourir. Et ils sont tous à espérer que « cela passe » ! D'ailleurs, à la fin, ma mère prévient mon père :

— C'est bon, c'est fait !

Comme s'ils l'avaient échappé belle... Peu importe que moi, j'aie failli y passer aussi... Je les maudis aujourd'hui, d'autant plus que ce ne sera pas la seule fois.

Deux ans plus tard, même situation, mais bien sûr dans un autre hôpital, des fois que le médecin fasse un rapprochement et se pose des questions sur cette jeune fille de 15 ans qui en est à sa deuxième IVG. Ah, si les médecins ou les infirmières avaient été un plus inquisiteurs...

Et à 17 ans, rebelote.

Je n'en peux plus, j'ai l'impression d'être un bout de viande qui ne mérite aucune considération. On me fait passer pour une traînée à chaque fois, d'ailleurs cela devient de plus en plus l'insulte fétiche (« grosse pute ») de ma mère à mon égard. Surtout quand elle avait l'impression que j'ai passé davantage de temps avec Denis qu'elle, comme si je faisais durer, par plaisir.

Un jour l'insulte de trop, je l'ai empoignée, mise dos au mur en lui balançant une gifle :

— Arrête de me traiter de pute, parce que le seul homme qui m'a touchée, c'est ton mari et c'est mon père, alors ferme-la !

Je crois que ce jour-là, si elle avait répliqué, j'aurais pu la tuer.

Tout est sale, écœurant, et soi-même, on est plongée dans cette fange immonde comme si on le désirait. Ma mère ne cesse de me dire que si je tombe enceinte de mon père, c'est de ma faute, que je le fais exprès pour avoir davantage d'attention, plus que Virginie ou elle. Je n'en peux plus, je pense à mourir tout le temps.

Quelle issue ? Quel miracle ? J'en suis sûre : nous allons tous mourir dans cette famille.

5

Virginie

« Je t'aime t'aime, je t'aime plus que tout
Papapappa
Naïve comme une toile du Nierdoi Sseaurou
Tes baisers sont si doux
Inceste de citron
Lemon Incest... »

Pour tout le monde, il s'agit d'un morceau d'anthologie de la chanson française, pas pour moi ! La raison en est simple, c'était la chanson préférée de mon père qui la chantait en duo avec Virginie.

« L'amour que nous n'f'rons jamais ensemble
Est le plus rare, le plus troublant
Le plus pur, le plus enivrant... »

Dans la bouche de Serge Gainsbourg et de sa fille, c'est une provocation. Dans la tête de mon père, c'était une validation de son modèle. Puisque même les meilleurs le chantent, c'est que l'inceste est « la plus belle chose du monde ». Sauf que Gainsbourg précisait bien : « l'*amour que nous n'f'rons jamais ensemble* ». Denis Mannechez ne devait pas entendre ce passage.

Totalement décomplexé, le « pacha », qui dispose de trois « femmes » à son service !

Le mercredi soir, Virginie voulait avoir sa soirée, car il y avait *Ally McBeal* à la télé. C'était son petit moment à elle. Laurence, souvent, m'envoyait alors à l'étage, pour elle avoir du temps et sortir. C'est ainsi que fonctionnait la famille Mannechez.

Ninie et moi vivions dans le même monde, mais elle deviendra très vite la favorite de Denis. Pour elle, il avait de la tendresse, de l'affection, une forme d'amour, quand avec moi, mon père se montrait ordurier et blessant. J'étais un objet sur lequel il avait tous les droits et avec lequel il se défoulait et se laissait aller à ses fantasmes les plus sordides.

Était-ce à cause de mon côté garçon manqué, quand elle était la belle jeune fille ? Nous avons été formatées différemment, mais ni pour l'une ni pour l'autre il n'y avait d'issue de secours.

Quand nos parents étaient absents, notre père au travail, notre mère en sortie, nous « volions » ces petits moments de répit pour profiter de notre complicité de sœurs en cachette de mes frères, de ma petite sœur et même de ma mère. Alors, on s'ouvrait notre cœur pleinement. Car, contrairement à ce que nos parents pensaient, Virginie n'acceptait pas la relation avec Denis et souhaitait que cela s'arrête. Elle avait toujours dans sa tête une place pour « son amoureux », qui n'était certainement pas notre père. Alors, nous étions presque des ados comme les autres, rêvant nos vies, imaginant notre prince charmant, un garçon que nous aurions choisi, qui nous aimerait pour nous et que nous aimerions follement, les enfants que nous allions avoir et les fêtes de famille que nous ferions, loin de notre prison. Comme de vraies jeunes filles romantiques.

Virginie me disait alors que ce que nous vivions n'était pas normal, que ce n'était pas bien. Elle voulait que notre père soit puni. Elle voulait que cela se sache. Moi aussi, mais comment faire ? En qui pouvions-nous avoir confiance ?

Nous étions liées par cette destinée. Je ne voulais pas faire de mal à ma Sœur, elle ne voulait pas me faire de mal. Donc on devait s'entraider. On aurait tant aimé que la société, l'école, les médecins « voient » ce qui se passe, ou simplement se doutent et agissent en conséquence…

Les assistantes sociales ou le personnel scolaire ne repèrent pas les enfants comme nous : ils se soucient des enfants qui posent des problèmes de comportement. Or nous, nous étions sages comme des images.

Il y a beaucoup à faire pour lutter contre l'inceste, à commencer par accepter de le regarder en face. Accepter que cela arrive dans tous les milieux, et que les grilles de lecture ne sont pas les bonnes. Les enfants trop sages, qui s'expriment très peu, dont le regard est éteint, ne sont pas fatalement juste des enfants timides.

Pourquoi personne, à l'école, n'a-t-il jamais vu que Virginie était accompagnée en voiture tandis que je devais venir en courant ? Pourquoi personne ne s'est jamais interrogé sur nos attitudes si différentes – car on ne pouvait pas passer à côté de ma tristesse transformée en révolte face à l'apesanteur et à la beauté rayonnante de Virginie ?

Une fois, une professeure a eu un doute. Elle a remarqué que j'étais couverte de bleus et a appelé notre médecin traitant pour me faire examiner. Ma mère a été convoquée. Je craignais le courroux parental, pourtant ces trois jours ont été merveilleux : mes parents étaient aux petits soins pour moi, attentifs et aimants. Et moi, comme à chaque fois, dans ce genre de moments, je fonds, je suis persuadée que ça y est, ils ont compris que je suis une gentille fille et qu'on va devenir une vraie famille de romans-photos. Mais ça n'a duré que trois jours. Aujourd'hui, je sais que c'était pour me murer dans le silence, mais à l'époque, j'espérais… J'espérais que ça soit la porte de sortie de notre enfer. Mais non, ma mère, habituée à mentir aux policiers, a toujours su endormir la méfiance du corps enseignant et médical. Il n'y aura malheureusement aucune suite.

Lors de mes IVG, ni les médecins, ni les psychologues rencontrés n'ont cherché à en savoir davantage. Pourquoi ?

Pourquoi n'ont-ils jamais souhaité mettre en place un suivi pour moi après ces expériences douloureuses et traumatisantes ?

N'est-elle pas en danger, cette petite ?

N'y a-t-il pas de la part de ses parents un manque de communication et de protection ?

Aujourd'hui, avec le recul, je me dis que la France a encore beaucoup de travail à faire pour lutter contre ce fléau, ce tabou. Mais à l'époque, cela donnait une « réassurance » à mes parents : tout s'est bien passé, aucune réaction de l'extérieur. Et cela constituait donc un encouragement à continuer ce mode de vie délirant et sectaire.

Donc, Virginie et moi savions que nous ne pouvions compter que sur nous-mêmes et nous passions du temps à imaginer des stratégies de sortie. À un moment donné, l'idée a jailli chez ma sœur. Nous étions dans ma « chambre » au sous-sol de Saint-Pathus, elle a commencé à parler des médicaments présents à la maison. Elle prenait des Euphytose, nos parents du Deroxat et de l'Imovane. On savait très bien que c'était pour les nerfs. Virginie me les met dans la main :

— Tu avales ça, et une fois à l'hôpital, tu balances tout ce qui se passe ici.

Ninie me pressait car, à l'époque, elle avait un amoureux important dans sa vie depuis deux ans. Elle voulait tout quitter pour cette relation-là, j'étais la seule dans la confidence. J'hésitais, car j'avais peur d'y passer.

C'est pourquoi j'ai préféré fuguer, sans médicaments. Ma fuite va durer vingt-quatre heures. Mais Laurence me connaissait bien, elle savait chez qui j'avais trouvé refuge. Donc elle est revenue me chercher, en larmes, en me disant que Denis allait la tuer si je partais. Que je savais de quoi il était capable. Que je ne pouvais pas avoir oublié la fois où il lui avait recouvert le visage de ruban adhésif brun et où elle serait morte si Virginie n'était pas intervenue. Oui, je savais tout cela. Encore une fois, j'étais mise au cœur d'un dilemme insurmontable. Si je partais pour sauver Ninie et mes frères, ma mère se ferait tuer par mon père. Est-ce que je pourrais vivre avec ce poids, cette culpabilité-là ?

J'ai un cœur, c'est d'ailleurs pour cela qu'ils ont toujours su me manipuler. Je ne peux pas faire sciemment le Mal. J'en suis issue, je ne veux pas le reproduire, je veux punir le Mal, mais sans dommages collatéraux. J'aime ma famille, je ne peux pas être celle qui la fait imploser. Malgré tout, j'aime quand même mon père et ma mère, je me raccroche à ce petit lien d'amour pour pouvoir tenir. Je suis rentrée à la maison et j'ai été encore punie.

Quinze jours plus tard, je refugue un peu plus longtemps, ma mère à nouveau me récupère avec les mêmes arguments, en jouant sur ma sensibilité. Mais peut-être que la prochaine fois… ?

Et c'est alors qu'intervient l'épisode de la tentative de suicide paternel. Aurais-je dû le laisser mourir ?

C'est ce que Laurence voulait, mais moi, j'en étais incapable. Denis a été hospitalisé et suivi par un psychiatre qui commence à poser trop de questions.

De son côté, Ninie espère que son chevalier blanc va l'emporter sur son fidèle destrier (une Vespa) loin des dragons. Et les va-et-vient des jeunes garçons qui tournent autour de ma jolie sœur n'échappent pas au paternel. À l'inverse, ses descentes au chalet dans le jardin pour retrouver Virginie le soir n'échappent pas non plus aux voisins qui commencent à jaser.

C'est ainsi qu'après avoir passé treize ans à Saint-Pathus, nous allons disparaître en une nuit, comme des voleurs. L'endroit est devenu trop dangereux pour mes parents.

Mais là où nous allons, c'est un lieu encore plus enfermé, où l'emprise sera encore plus forte. Le modèle, encore plus fou.

6

Le rêve des parents, le cauchemar des enfants

Un beau jour, Denis nous emmène sans nous dire où nous partons. Puis au bout d'une quarantaine de kilomètres, alors que la forêt de Compiègne se fait plus présente, il s'arrête au bord d'un petit chemin. À gauche, la forêt, à droite, de grandes propriétés sur des terrains pentus et, derrière, à nouveau la forêt. Le portail en fer forgé était grand ouvert. Que faisons-nous là ? Notre père est bien mystérieux. À l'intérieur de la propriété, un petit chemin qui monte et tourne sur la droite et là, devant nous, une immense maison en L. Denis nous annonce que c'est notre nouveau « chez-nous ». Depuis plusieurs semaines, il faisait des visites en cachette en expliquant aux agents immobiliers qu'il travaillait beaucoup, qu'il ne voyait pas assez ses enfants, qu'il voulait une maison un peu isolée avec un grand terrain pour en profiter avec eux. Tu parles.

En fait, pour mes parents, il s'agit d'atteindre la perfection de leur système sectaire, un cran supplémentaire dans notre isolement. Pour nous, c'est le piège ultime !

Encore une fois, sur le moment, j'ai des sentiments mêlés. D'un côté, cette grande propriété est un écrin idéal pour une grande famille. Il y a des chèvres, des lapins, une cabane en bois au bout du jardin, des statues grecques... Mais de l'autre, je sens monter en moi une angoisse. Profonde, sourde ! Je suis convaincue que c'est la maison de la mort de notre famille.

Déjà que nous n'avions pas grand-chose à Saint-Pathus, très peu de libertés, là, nous en aurons encore moins. Et qui pourra nous rendre visite, s'intéresser à nous, ou simplement nous entendre ? Comment tout cela va-t-il finir ? Forcément mal, d'après moi !

Mais je vois mes parents heureux. Ma mère parlera toujours de « sa villa », elle la montrera à ses copines, elle fera venir ses sœurs pour la leur présenter. Une fois en prison, elle ne me demandera pas comment moi je vais, dans ma nouvelle vie, mais elle me demandera de lui faire passer des photos de la villa de Cuise, pour les montrer à ses codétenues...

Sur le moment, cette joie parentale est toujours bonne à prendre. En revanche, ce qui existait déjà en germe à Saint-Pathus est homologué à Cuise-la-Motte : Virginie et notre mère permutent leurs rôles. La compagne officielle (en tout cas, au sein de la famille), c'est dorénavant Virginie. Sans que le choix lui ait réellement été laissé.

Donc Denis et Ninie s'installent dans la partie centrale de la maison, que nous appelons le loft. Dans l'autre partie de la maison, Laurence, moi et notre petite sœur. Et tout au fond du jardin, dans le chalet en bois, loin de tout le monde, nos frères. Denis leur explique qu'à Saint-Pathus, le chalet, c'était pour Virginie, et qu'ils en étaient jaloux. Maintenant, ils ont le leur. Ils vont être autonomes et indépendants, quelle chance ! Moi, je vois bien qu'au fond de leur cœur, ils préféreraient qu'on soit tous ensemble. Mais non, dorénavant, le matin, ils courent pour attraper le bus qui les conduit à l'école et le soir, ils rentrent directement dans leur chalet sans passer par la maison. Aucune sortie, aucun échange. Ils ont certainement renforcé leur complicité entre frères, mais ils ont aussi dû vivre cela comme un abandon de la famille. Une relégation !

Le décor est planté de notre drame à venir. Le rêve pour mes parents est le cauchemar des enfants.

Nous nous connaissions à peine dans la fratrie. Là, ce sera encore pire : nous n'aurons plus jamais d'opportunité de partager des moments ensemble. Les garçons et Coralie vont à l'école à côté, mais Ninie et moi, trop âgées (nous avons plus de 16 ans), sommes déscolarisées. Dorénavant, nous étudierons par correspondance *via* le Cned. Comme je l'ai expliqué, cela va être mon envolée et la chute de Virginie. Parce que dorénavant, Ninie passe vingt-quatre heures sur vingt-quatre avec Denis. Elle travaille avec lui, donc elle part le matin dans sa voiture et ne revient que le soir. Elle endosse alors sa deuxième vie, que connaissent si bien toutes les femmes de France : comptable du budget familial (Laurence était définitivement trop dépensière), responsable des courses, du linge et de la tenue de la maison.

Dans un premier temps, Laurence s'est accommodée parfaitement de ce nouveau statut de « reléguée » : moins de pouvoir, mais surtout moins de responsabilités ! Mais avec le temps, elle comprend que cela signifie aussi moins de libertés pour elle, moins de sorties, donc elle commence à se cabrer et à devenir aigrie et agressive. Et c'est moi qui paye les pots cassés. Pas Coralie, qui a moins de 3 ans, et que tout le monde couve comme une petite princesse. Mais moi, je ne suis plus « Alfred » ou « la Grosse », mais « la pute ». Quand elle s'adresse à moi, on dirait qu'elle vomit ses mots : « La pute, fais ci, la pute, fais ça ! »

Elle me surveille à tous moments et me menace de dire à mon père que je fume, et de me dénoncer les fois où je n'ai pas fait mes devoirs. J'ai 17 ans, bientôt 18, et je hais ma vie et ma famille. Je vois ma mort en permanence. J'ai le sentiment que ma seule sortie est dans la fuite. Ma mère n'y croit pas :

— Tu n'y arriveras jamais, tu en es incapable ! Et si tu pars, ne compte plus sur moi, c'est ton père qui ira te chercher, et tu sais parfaitement ce qui se passera s'il te retrouve... Il te tuera et il aura bien raison : tu ne vaux rien !

Combien de fois ai-je entendu ce discours qui me faisait chavirer entre la peur et l'envie, la mort et la vie... D'un côté, la terreur, la violence, les avortements ignobles et l'emprise qui empêche de fuir cette famille sectaire et incestueuse. Et de l'autre... Je l'ignore, je l'imagine, mais dans tous les cas, c'est forcément mieux !

C'est pourquoi je fugue encore, et cette fois, ma mère ne me rattrape pas. C'est Virginie, au volant de l'Espace, qui me cherche et me retrouve sur la route. À Ninie, je ne peux pas dire non, donc je remonte dans la voiture. Elle veut appeler notre père, je l'implore de ne pas le faire. Je déverrouille les portières et m'enfuis dans la nature. Mais au bout de deux ou trois jours, je reviens, je sais que je suis encore mineure et donc que mes parents ont encore tous les droits, mais je les préviens que le jour où j'aurai 18 ans...

Mon père ne cède pas à la menace. Il me demande de l'accompagner jusqu'au grand garage. Un garage dans lequel on aurait pu faire tenir quatre bus. Là, je vois tous les animaux alignés sur le dos, avec du sang qui coule. Tous, les poussins, les cochons, les lapins... abattus sans état d'âme. Voilà ce qui m'attend si je refugue et surtout si je parle. Dans ma tête, je suis une morte en sursis !

À la même époque, Denis m'a aussi braqué un fusil entre les deux yeux, prêt à tirer.

Mon crime ? Il avait retrouvé un mégot de cigarette dehors et il ne supportait pas les gens qui fument. Sauf qu'il ne savait pas si c'était Laurence ou moi, la coupable. Il ignorait alors que je fumais en cachette, pour évacuer le stress. Calmement, il a pris, dans son tracteur, ma chaîne hi-fi, à laquelle je tenais énormément. Et des vêtements qu'il avait achetés à Laurence. Il nous a fait monter toutes les deux dans le bois, avec son tracteur. Il nous a fait descendre nos affaires, a pris son fusil.

Et il a posé la question une première fois :

— Laquelle de vous deux fume ?

Toutes les deux, même réponse :

— Pas moi !

Il a dirigé l'arme vers nous :

— Qui de vous deux fume ?

Personne n'a répondu. Il a reculé :

— Je ne le demanderai qu'une dernière fois.

Ma mère a crié en me désignant du doigt :

— C'est elle !

Et là, il a tiré dans ma chaîne hi-fi. Explosée ! Quant à ma mère, elle a été punie aussi pour avoir mis trop de temps à lui répondre pour me balancer : il a mis le feu à ses affaires. Toujours ce besoin de nous monter les uns contre les autres, pour garder le contrôle de tous.

Ninie, je n'avais plus le droit de partager quoi que ce soit avec elle. Elle était devenue « la femme » de Denis Mannechez. La mère de famille qui nous commandait à tous. J'apprendrai plus tard qu'elle a endossé ce rôle au mépris de sa propre vie, et en essayant toujours de nous protéger au maximum. Mais à l'époque, j'avais l'impression qu'elle avait basculé « du côté obscur de la Force » et que rien ne pourrait me ramener ma Ninie. En tout cas, en présence de Denis, elle était l'épouse soumise et parfaite : jamais un mot plus haut que l'autre et faisant tout ce qui pouvait le contenter.

Même s'il lui arrivait encore de rêver à un ailleurs… Comme ce mercredi. Le mercredi était le jour des réunions professionnelles de notre père, sans Ninie. Or ce jour-là, elle a voulu en profiter et avoir la vie d'une jeune fille normale de 18 ans. Elle a invité son amoureux, en l'absence des parents à la maison. Et Denis est rentré à l'improviste…

Intuition diabolique ou un effet de notre « balance » de mère ? Nous ne le saurons jamais. Denis rentre dans le loft, comme s'il voulait arracher la porte d'entrée, convaincu de surprendre « sa compagne » en fâcheuse posture avec un amant, mais même pas… Ninie est juste en train de faire cuire des pâtes et le jeune homme en question est parfaitement habillé. Déchaussé certes, mais cela, c'est pour ne surtout pas salir le loft. Mon père entre dans une rage noire :

— Qui c'est c'ui-là ? hurle-t-il.

Mais Virginie a décidé ce jour-là, de ne pas se laisser démonter. Elle répond :

— C'est mon mec !

Mon père est rentré dans une telle colère que le jeune homme a bondi sur son scooter et a fui sans demander son reste. Et en abandonnant définitivement ses chaussures.

J'ai cru que la violence de mon père allait s'abattre sur nous tous, mais Ninie n'avait définitivement pas le même statut que moi. En fait, elle est sortie en pleurant à chaudes larmes, le visage tout rouge, tandis que Denis pleurait aussi de son côté. Ce soir-là, ils ont fait chambre à part !

Mes parents auraient pu interpréter cette scène comme un appel au retour à la vie de chacun, selon son âge. En tout cas, une rébellion légitime de la part de Virginie. Pourtant, au contraire, mon père annonce qu'il va lui faire un enfant. Pour lui prouver combien il l'aime.

Quelque temps plus tard, Virginie demande à notre mère de prendre la pilule. Aucune de nous ne la prenait dans cette maison. Ma mère, c'était normal, elle était celle qui fournissait les enfants, moi, quand j'étais enceinte, on utilisait la médecine pour me les retirer sans se soucier des dégâts colossaux qu'on faisait vivre à mon corps de jeune fille. Mais Virginie, non ! Elle n'est jamais tombée enceinte par hasard, elle n'a jamais subi d'IVG. Son corps est considéré comme « pur », « repurifié » même, dira notre père aux experts. Sauf que si elle prend la pilule, les projets de mon père ne risquent pas de se réaliser...

J'imagine qu'il y a eu une discussion au sommet entre mes parents. Et quel meilleur moyen de « verrouiller » Virginie, qui présente des envies de fuite, que de lui faire un enfant dans la famille, histoire de refermer la boucle ?

C'est ainsi que Laurence a toujours refusé d'accompagner Virginie chez un médecin pour lui faire prescrire la pilule. Pire, elle lui a annoncé un jour, devant moi, que, dorénavant, c'est elle qui portera les enfants de Denis ! Et Ninie, abasourdie n'a rien su répondre. Elle va se plier à ce nouveau dogme, comme si elle n'avait plus la force de lutter. D'ailleurs dans les semaines qui ont suivi, comme le bébé ne venait pas tout de suite, Laurence et Virginie ont acheté des tests de grossesse. Qui, malheureusement pour le projet, se sont révélés négatifs. Mais, pour éviter les réactions de colère du patriarche, elles les ont falsifiés ensemble. Virginie était coincée. Un vendredi après-midi, le test se révèle positif !

Autrefois, nous avions eu ces discussions, sur la grossesse. Toutes les deux, nous voulions avoir des enfants. Nous étions même prêtes à adopter. Mais absolument pas pour leur offrir l'enfance que nous connaissions. C'est pourquoi l'idée d'avoir un enfant avec notre propre père n'était pas vraiment notre objectif. Comment transformer le plus beau moment du monde en quelque chose de sale, de laid, d'anormal, d'absurde ? Pour Denis et Laurence pourtant, tout est normal, dans leur nouvelle configuration, tout est logique, les rôles sont bien définis ! J'ai envie de hurler ! Hurler contre ce mélange des genres !

Un psy expliquait que ce n'est pas un hasard si on présente une famille comme une arborescence.

Cependant, les parents incestueux « cassent » toute cette logique en changeant de branches ! Avoir un enfant avec son propre enfant… comment croire qu'on distribue de bonnes cartes au bébé à naître ? Juste un maelström impossible à dénouer.

Nous devions nous réjouir de l'arrivée de ce nouvel enfant, ce Messie, alors je me suis réjouie, comme tout le monde, en ravalant mes colères. La scène existe en photos, mais bizarrement des photos qu'on ne met pas dans des cadres, sur le guéridon. Car ces photos disent la vérité : cet enfant est le fruit d'un inceste, tous les présents n'ont pas une seule fonction mais deux : mère et demi-sœur, père et grand-père, sœur et tata…

Le soir de l'annonce de la grossesse de Virginie, j'ai jeté à Laurence :

— Tu ne vas pas laisser faire cela jusqu'au bout ?

— Et pourquoi pas ? C'est très bien !

— Je te préviens, l'équation est simple : plus un, moins un ! Si tu laisses Ninie avoir cet enfant, moi, je pars !

Encore une fois, ma mère ne m'a pas crue. Elle a tort.

À partir de là, je vis sur une autre planète, la grossesse prend forme, et je vois Laurence acheter de la layette qu'elle présente à Denis pour ensuite la poser sur le ventre de Ninie. Mais c'est fou ! C'est quoi, cette scène ? Laurence est totalement folle ? Est-ce que c'est une revanche, une tentative de récupérer sa place de mère ? Je m'interroge sur tout, je ne comprends plus rien !

Et je vais avoir un nouveau déclic. Virginie est à six mois de grossesse, elle n'est pas encore arrêtée totalement, mais elle rentre plus tôt que le patriarche. Or, ce jour-là, un ami de mes frères est présent pour récupérer un CD. Sur le principe, cela devrait n'avoir aucune conséquence. Sauf que Denis rentre à l'improviste et Laurence court le prévenir :

— Denis, Denis, viens voir, Betty, elle a fait venir un mec dans sa chambre.

Il déboule et se retrouve face à un inconnu, qui est dans ma chambre en effet étant donné que je suis la seule à avoir un lecteur CD. *Je suis foutue !*

Denis le prend par le colbac et le flanque dehors. Le pauvre se liquéfie et repart en chaussettes sur son vélo, loin, très loin. Mon père se retourne alors vers moi, les yeux injectés de sang. Il me traîne par les cheveux d'une maison à l'autre en me hurlant dessus, il me frappe, mon nez cassé saigne, mon jogging blanc se tache de rouge. Il annonce à Virginie :

— Tu l'enfermes dans les toilettes, je repars au boulot, elle n'a pas eu le quart de sa raclée, je m'en occuperai ce soir !

Enfin, il part !

Je supplie ma sœur :

— Laisse-moi sortir pour cacher mes cigarettes, car s'il va dans ma chambre, il va les voir. Et s'il sait que je fume, il va demander où j'ai trouvé l'argent et comme c'est toi qui gères l'argent dans cette maison, je n'ai pas envie que tu prennes aussi, quoi !

Elle me fait une faveur :

— Tu as deux minutes, dépêche-toi, car s'il appelle ou revient, je ne pourrai pas te couvrir !

Je file dans ma chambre, pour la dernière fois, je le sais. Désolée pour ceux que je n'ai pas prévenus, mais je n'en peux plus, je pars. Je sors par la fenêtre de ma chambre avec juste mon sac à dos, remonte notre terrain vers la forêt, jette un dernier coup d'œil à la maison, où je n'ai que de mauvais souvenirs. Je sais que je n'y reviendrai jamais. Je me détourne et m'enfonce dans la forêt définitivement !

Je trouve refuge chez des amis. Et je vais tout dénoncer, dans l'espoir de sauver mes frères et sœurs de nos parents, surtout de mon père. Notamment, notre petite Coralie, que Denis commence à regarder bizarrement et à photographier de plus en plus. Il faut faire voler tout cela en éclats. C'est ma mission !

7

Vivre enfin

2 janvier 2002. C'est le plus beau jour de ma vie. J'ai 18 ans depuis trois mois. Je cours dans cette immense forêt en n'ayant qu'un mot en tête : la Liberté !

Quand, comme nous, on a vécu dans un univers sectaire, l'extérieur a un goût incomparable, totalement grisant. Pouvoir décider soi-même où on va et ce qu'on va faire, c'est tout nouveau pour moi. Sauf qu'il faut aussi penser au côté pratique : comment vivre et manger ?

La première étape consiste à me réfugier chez ce garçon reparti à vélo et en chaussettes. Ses parents, très vite, m'expliquent que ce n'est pas une solution, donc ils me conduisent chez une amie de ma mère à Saint-Pathus, Mimie, qui me savait malheureuse depuis des années. Mimie savait pour les violences physiques. Elle ne savait pas pour les abus sexuels. Elle m'accueille à bras ouverts, sans me poser de question.

L'échappatoire est de courte durée. Dès le lendemain, ma famille vient me chercher. Mon père reste en retrait, dans la voiture, près du cimetière, car il sait que Mimie ne l'apprécie pas. Et ce sont Virginie et ma mère qui viennent me supplier d'être raisonnable et de rentrer avec elles.

Sauf que ce qu'elles ont oublié, c'est que l'état de Ninie est de plus en plus visible. Mimie, en voyant son ventre arrondi, comprend tout de suite que Denis est fatalement le père de ce bébé étant donné que nous n'avions aucunement le droit de fréquenter des garçons. Elle tombe des nues et lâche plusieurs fois :

— Virginie, elle est enceinte ! Virginie, elle est enceinte !

Je l'entends depuis la pièce voisine, cachée derrière le canapé. La situation s'inverse : Mimie bascule de mon côté, elle ne peut pas rester copine avec Laurence si celle-ci permet ce fruit de l'inceste.

Je suis alors convaincue que si j'avais accepté de rentrer, cette fois, c'était pour mourir, comme les animaux que Denis avait exécutés devant moi. Aurais-je eu droit à une sépulture décente ? Je n'en suis même pas sûre ! Betty Mannechez aurait disparu, une fugue bien sûr, et personne ne m'aurait jamais cherchée ou réclamée, vu que je ne comptais pour personne. Mais ce jour-là, Mimie me sauve la vie en les mettant à la porte et en me gardant avec elle. Dans les jours qui suivent, Mimie subit un harcèlement constant qui vire rapidement à la menace. Elle me place alors chez une amie qu'elle seule connaît, pour que ma famille ne puisse pas me récupérer. J'ai l'impression d'être dans un film et de vivre une exfiltration en catimini, avec une nouvelle identité fournie par le FBI pour couvrir ma fuite.

La deuxième phase s'enclenche. Cette personne qui m'a accueillie essaye de comprendre pourquoi je suis si perturbée. Je lui lâche progressivement des bribes de ma vie, le secret des Mannechez. Contrairement à beaucoup de nos anciens voisins, elle n'a pas peur de Denis et Laurence et m'explique qu'elle va m'aider à déclencher toute l'affaire. C'est une chose de dire que l'on est battue, mais une étape plus honteuse de dire que l'on est violée par ses propres parents. Et pourtant, cette femme ne me juge pas : au contraire, elle m'écoute et me croit. Je comprends sur ses conseils qu'il me faut agir pour libérer mes frères et sœurs de l'enfer qu'ils vivent encore. Je suis convaincue que cela ne peut finir que dans la mort si je n'agis pas, mes parents préférant tout détruire plutôt que d'assumer. Il y va de leur intégrité morale, peut-être aussi de leur vie. J'ai 18 ans et je suis la seule à pouvoir le faire.

Je décroche le téléphone et compose le 119. Très vite, l'interlocutrice me conseille de me rendre à la gendarmerie la plus proche.

Cela va me demander un effort surhumain car je vis avec la peur de mon père, donc je l'imagine partout, tapi en train de m'attendre pour me tuer. En janvier 2002, je pousse la porte de la gendarmerie de Saint-Soupplets, en Seine-et-Marne, près de Saint-Pathus. Je passe sur le fait qu'on me renvoie sur une autre gendarmerie dans l'Oise, plus pratique, vu le lieu où vivent dorénavant mes parents. Cela fait huit jours que je suis partie et apparemment, mes parents ne me cherchent plus.

Et dans cette nouvelle gendarmerie, je suis reçue par un adjudant qui prend très au sérieux ma plainte. Je lui parle des violences physiques et j'explique que ma grande sœur est aussi victime de violences sexuelles, qu'elle est même enceinte de notre père. Qu'il y a urgence car elle va accoucher d'un jour à l'autre. J'ai du mal à parler de moi, en fait ! Mais l'adjudant se montre psychologue :

— Si votre sœur Virginie a pu avoir de telles relations avec votre père, on se demande si cela n'est pas aussi le cas pour vous ?

Je ne réponds pas tout de suite, je focalise beaucoup sur Ninie, car l'urgence, c'est elle ! Mais il me fait avouer que moi aussi, j'ai subi des violences sexuelles de la part de mon père. Même si cela se passait dans un tout autre contexte. Il me faudra beaucoup de temps pour admettre qu'il y a d'autres strates, en particulier l'implication de notre mère…

Je ressors de ce rendez-vous complètement vidée, allégée d'un poids énorme. La famille qui m'accueille et m'a aidée à dire les choses est d'un soutien sans faille. Ils sont exemplaires, tous. Ils m'ont hébergée, nourrie, écoutée et crue alors que j'arrivais avec un « paquet d'emmerdes » gros comme une maison.

Jamais je n'oublierai leur simplicité et leur générosité de cœur. Ils m'ont permis de vivre un peu normalement.

Après, la gendarmerie me prend en charge et m'oriente vers un foyer à Compiègne. J'y rentre le 6 février 2002. Je l'ignore à l'époque, mais le destin a voulu que ce soit le jour de la naissance de Quentin, le fils de Virginie. Deux destins. Lui, très encadré mais qui naît dans une fausse famille avec un père qui est son grand-père et une mère qui est aussi sa sœur et des mensonges dans tous les sens. Et moi, toute seule, mais qui me libère et avance vers la vérité. Une nouvelle naissance.

J'ai 18 ans, il y a donc des démarches administratives à faire pour recevoir des aides et acquérir une petite autonomie. Un mot surréaliste pour moi. À chaque fois, je découvre que je ne sais rien du monde dans lequel je vis. On vient de passer à l'euro et je ne sais pas comment cela fonctionne. Je vais à la Croix-Rouge, on me donne des vêtements, j'en sors apeurée et contente. Je dois accepter que des gens puissent avoir une attitude généreuse et bienveillante à mon égard. Je dois apprendre à faire confiance et à me faire confiance. Alors que ma première réaction est de m'enfermer dans ma carapace avec la peur du dehors. Dans un premier temps, je ne veux pas me mêler à des personnes de mon âge. J'ai vécu de telles horreurs que je me sens très différente, donc que je ne peux pas me mélanger.

Et puis je Le vois partout. Chaque voiture, cela peut être Lui. S'Il me voit, Il m'embarque et Il me tue. Donc c'est très difficile. Je m'inscris aux ateliers travail du foyer pour gagner trois euros par jour pour payer ma chambre.

Des étapes nécessaires et difficiles, avec quelques lueurs d'espoir. Je dois apprendre à vivre avec la peur, apprendre à la raisonner… C'est ainsi que je me lie d'amitié avec une amie qui a un copain qui organise une soirée. Ce garçon deviendra le père de mes premiers enfants. Quand j'y repense, c'est un peu ridicule d'être allée aussi vite, de ne pas avoir pris le temps de me poser, de faire des rencontres et de comprendre progressivement quel compagnon me conviendrait, à moi, Betty. Je partais de tellement loin, me dévaluant en permanence, me voyant en garçon à qui il manquait des cheveux, une chose si sale et repoussante… Si bien que, le premier qui va me montrer un peu d'intérêt et s'attacher à moi…

D'autant que, quand je suis présentée à sa famille, ils m'acceptent d'emblée et m'adoptent. Encore aujourd'hui, j'ai d'excellents rapports avec eux. Chez eux, je découvre que tout le monde mange ensemble, qu'on se parle bien, qu'on se respecte, qu'on s'aime vraiment, comme la famille de mes rêves. C'est le paradis, comparé à l'endroit d'où je sors. Et le soir, ils se disent : « Bonne nuit papa, bonne nuit maman, bonne nuit les enfants. » Une autre planète.

Entre le foyer et cette ambiance, je ne mets pas longtemps à choisir cette famille. Mon premier vrai choix pour moi ! Je pouvais enfin me construire dans la normalité dont je rêvais depuis toujours. Grâce à eux, je commence aussi un boulot de paysagiste. Aucun métier ne me fait peur.

En attendant, les semaines passent et je n'ai pas de nouvelles de la gendarmerie. Lorsque je découvre dans un magazine de petites annonces, *Paru/Vendu*, à la rubrique « Vente maison » que mon chien Rex est en vente, je me représente à la gendarmerie. Je flippe, convaincue qu'ils vont déménager et disparaître avec toute ma fratrie dans un lieu où on ne les retrouvera jamais (c'était effectivement le projet, par crainte de mes dénonciations). J'ai le sentiment que les enquêteurs ne font rien. En réalité, ils ont placé Denis, Laurence et Virginie sur écoutes pour avoir un dossier « béton » avant l'interpellation. C'est ce que l'enquêteur m'explique, très calmement, à moi qui ne connais rien aux procédures judiciaires.

— Ne vous inquiétez pas, nous avons très bien avancé sur les Mannechez, ça va bouger bientôt !

Et effectivement, trois jours plus tard, le 2 avril 2002, il m'appelle :

— Vos parents sont en garde à vue dans nos locaux.

Mon téléphone tombe par terre. Au lieu de totalement me réjouir, je flippe : *Ça y est, je ne risque plus rien dehors, je peux sortir, mais c'est terrible ce que je fais. À cause de moi, mon père va aller en prison...*

L'adjudant ajoute :

— On va avoir besoin que vous passiez. On va vous présenter. Vous allez revoir votre sœur !

Je bondis de joie, convaincue qu'on va tomber dans les bras l'une de l'autre, comme avant, la menace étant neutralisée. Que Virginie va me remercier d'avoir tenu parole et d'avoir eu le courage énorme de dénoncer les faits à l'extérieur pour sauver toute la fratrie…

Sauf que ce n'est pas du tout ainsi que ça va se passer.

8

Mauvais choix

J'ai le cœur qui bat à tout rompre. J'aimerais tellement que tous mes frères et sœurs comprennent que si j'ai tout balancé, c'est aussi pour les sauver, pour qu'ils restent en vie et aient une autre vie que l'enfer que nous vivions à Cuise-la-Motte !

Les premiers que je revois dans les locaux de la gendarmerie, ce sont mes frères, Benjamin et Nicolas. Nous ne devons pas nous parler, nous ne sommes pas dans les mêmes pièces, on se voit juste dans les couloirs. Adolescents, ils vont être placés en famille d'accueil. Même notre petite Coralie, du haut de ses 5 ans, passe sous l'autorité de l'Aide sociale à l'enfance. Je sais que c'est normal, j'ai beau essayer de me convaincre que ce sera forcément mieux, sur le moment, c'est tellement dur : je me sens tellement coupable, je porte toutes les conséquences de cette interpellation sur mes frêles épaules.

Puis ma mère fonce vers moi, les bras grands ouverts :

— Ma fille, tu m'as tellement manqué.

Je suis figée, cela sonne tellement faux. Ma mère ne m'a jamais prise dans ses bras. Dans les derniers temps, avec ma mère, ce n'était que rivalité et affrontements, et là, d'un coup, je deviens « ma petite fille chérie » ? Il y a erreur sur la personne. En fait, c'est sans doute parce qu'à ce moment-là, je n'ai encore rien dit contre elle, sur sa participation à notre enfer. Je n'ai dénoncé que les agissements de notre père. Mais pour autant, la réaction de ma mère me sonne. Au moins, elle ne va plus s'occuper de ses « enfants chéris » le temps de la procédure. Elle est mise de côté, sur la touche.

Enfin arrive Virginie, ma Ninie. Elle a changé en quelques mois. La dernière fois que je l'ai vue, elle était au plus fort de sa grossesse, je devais lui faire ses lacets car elle ne pouvait plus se pencher. Qu'est-ce que j'aurais aimé vivre ces moments de sa fin de grossesse avec elle, on se l'était tellement promis, adolescentes ! J'aurais tout fait pour elle, je lui aurais préparé à manger en faisant attention à toutes ses nouvelles intolérances alimentaires, j'aurais été ravie d'être présente à l'accouchement. Et de l'aider dans les premières semaines… Si cet enfant avait été celui de son amoureux et pas celui de notre père. Ça, ce n'était pas possible !

Après coup, j'apprendrai que Virginie, au-delà des photos de son bonheur rayonnant avec son test de grossesse, et de son ventre qui s'arrondit, a vécu douloureusement cette période. Déjà, elle l'a vécue en grande partie seule. Mes parents ne sont pas fous, cet enfant ne pouvait pas être officiellement le fils de Denis Mannechez. Donc, il a fallu inventer une histoire, comme pour moi. Ma Ninie si pure a été salie. Officiellement, elle a couché avec quelqu'un de la société de notre père, et ce quelqu'un l'a quittée car il ne voulait pas d'enfant. J'ai vécu plusieurs grossesses depuis, donc je connais les visites à l'hôpital, les échographies, les questions des médecins : est-ce qu'il aura les yeux de son père, le nez de sa mère ? Ah, le papa n'a pas pu vous accompagner ! Ben non, trop dangereux pour lui, vu que c'est la preuve qu'il a commis un acte illégal.

Ma Ninie a vécu tous ces moments toute seule en mentant, alors que c'est tellement plus agréable quand on est soutenue et entourée d'amour par le père du bébé.

Et puis, il y a le risque de trisomie. Multiplié en cas de grossesse incestueuse. Les médecins le font d'office pour une femme de plus de 40 ans, mais Ninie n'avait que 20 ans et elle était en pleine forme. Comment la demander sans éveiller les soupçons ? Et si le résultat est trop poussé, cela va se voir, que le bébé possède un patrimoine génétique beaucoup trop proche de celui de sa mère. Elle a dû mentir pour faire malgré tout ce test, que j'ai retrouvé dans son dossier médical ! Cela a dû la rassurer de savoir que son Quentin ne serait pas trisomique et qu'il était en parfaite santé.

Quant à l'accouchement, elle était toute seule : ses parents ne sont venus que le lendemain. Pendant tout le travail, elle n'avait personne pour lui tenir la main, l'encourager, lui dire des mots d'amour et la soutenir.

Sur les photos que j'ai récupérées depuis, surprise : à son annulaire gauche, elle porte une alliance que mon père lui a offerte, comme s'ils s'étaient mariés en catimini. Et le lendemain, Laurence et Denis posent avec le bébé, ensemble, puis avec Ninie, comme des parents qui deviennent grands-parents pour la première fois. Que de mensonges, que du *fake* !

Quelque temps plus tard, de retour à la maison, Denis portera même Quentin dans le porte-bébé ventral ! Le père ? Le grand-père ? Les deux !

Au départ, Virginie devait accoucher à Senlis, à l'hôpital où elle-même est née. Dans son dossier, on voit bien qu'elle a fait du *dumping* hospitalier, histoire de brouiller les pistes, afin que ce ne soit pas le même médecin qui la suive pendant toute sa grossesse, au risque de la percer à jour. C'est passé, sans soupçon, comme hélas souvent avec les Mannechez. Là encore, il aurait fallu un peu plus de curiosité, de flair…

Finalement, Ninie a accouché à l'hôpital de Compiègne le jour où je rentrais au foyer, à quelques centaines de mètres de là. Mais je l'ignorais et, bien évidemment, on ne risquait pas de me prévenir. J'ai donc raté tous ces moments fondamentaux de la vie de ma sœur quand je la retrouve.

À la gendarmerie, Virginie est face à moi, méconnaissable. Elle a les cheveux coupés au carré avec une frange, et non plus ses longs cheveux blonds. Et elle a le visage tout rouge d'avoir trop pleuré. Je veux la rassurer :

— Ninie, c'est fini tout ça, on va enfin pouvoir avoir la vie dont on a toujours rêvé.

Mais elle n'entend pas :

— Betty, mais qu'est-ce que tu as fait ? Tu ne te rends pas compte, ils vont m'enlever mon fils. Tu détruis tout. Je veux mon fils ! Il faut que tu dises à tout prix que ce n'est pas vrai, que tu as raconté n'importe quoi !

Et elle pleure toutes les larmes de son corps. Je ne peux rien lui dire de ma nouvelle vie, de la lueur d'espoir qui m'habite. Face à moi se trouve une Virginie démontée de chagrin. J'insiste :

— Je n'ai dit que la vérité, ce qu'on s'était toujours dit. C'est terminé. C'est notre porte de sortie…

Mais elle n'entend pas :

— Tu n'as pas vu mon fils, tu ne sais pas le bonheur qu'il me procure aujourd'hui dans ma vie. Il faut que tu dises que tout est inventé, sinon ils me l'enlèvent, je veux mon enfant !

Au lieu d'être la sauveuse, je deviens la coupable du déclenchement de tous les drames. Ce ne sont pas nos parents les coupables, c'est moi, encore moi ! Je suis celle qui détruit la famille Mannechez. Je me mets à sa place, je comprends qu'elle est dorénavant mère et que son fils, c'est tout pour elle, je ne suis pas égoïste, mais c'est ce qu'on voulait, non ? Certes, à l'époque, quand nous échafaudions nos plans, elle n'avait pas encore d'enfant. Je ne suis pas dans sa tête de maman, dans son cœur de maman. Denis l'a formatée tellement différemment de moi.

— Non, je ne reviendrai pas sur ma déclaration. C'est fait, c'est la vérité, je n'ai pas menti. La vie que tu as toujours voulue, je te la donne, on peut laisser nos parents derrière nous, c'est fini !

Les gendarmes mettent fin à notre entretien qui a été très court. Ninie pleure abondamment en me jetant des regards pleins de reproches.

J'ai le cœur lourd à mon tour, je pleure, je viens de perdre ma sœur ! Je suis écroulée et perdue. Jamais je n'ai voulu être la rivale, la méchante. J'ai l'impression que mon cerveau est placé dans une machine à laver, un tourbillon psychologique.

Pour les gendarmes chargés de ce dossier, l'affaire était pliée avec la perquisition. Arrivés à l'aube, ils ont surpris Denis dans la partie loft, sortant de la salle de bains de la chambre « maritale » alors que Virginie était encore dans le lit, et leur bébé dans le couffin. Denis a eu beau commencer par nier, en expliquant qu'il venait de l'autre partie de la maison où la douche fonctionne mal, juste pour profiter de cette salle de bains en meilleur état. Sauf que le lit portait encore son empreinte à côté de sa fille. Et l'analyse génétique de Quentin est formelle : Denis est bien son père et son grand-père. Le crime est constaté.

Denis part en prison à l'issue de sa garde à vue. Quentin sera effectivement placé par l'Aide sociale à l'enfance, tout comme les trois autres enfants mineurs Mannechez. Et Laurence, en foyer de femmes battues.

De mon côté, je me retrouve toute seule avec mes questions, mes angoisses et ma culpabilité. J'ai voulu sauver tout le monde et on me répond que je n'ai fait que du mal. J'espère que la justice va faire son travail et me libérer de tout ce mal, nous permettre enfin de connaître la victoire et une vie normale !

Hélas, je me suis fait beaucoup d'illusions.

9

Sauve-moi !

En sortant de la gendarmerie, je rentre avec Virginie, mais on ne se comprend pas. Ma sœur n'est plus. Elle me parle comme une mère louve qui veut défendre son fils et son compagnon, même si c'est son père et que cela n'aurait jamais dû arriver. Elle s'était résignée à son sort de « femme de son père », et là, maintenant, elle a un double combat à mener : récupérer son fils et sortir Denis de prison.

J'ai mal. Je croyais nous extraire de cette gangue sectaire, mais, là, je reste prisonnière du Mal. Que vais-je devenir si, à cause de moi, on sépare ma sœur de son enfant ? Est-ce qu'on va pouvoir construire une belle relation entre nous, comme celle que l'on rêvait, si je suis la briseuse de liens, si je casse son cocon ? Sûrement pas !

Virginie était épanouie dans son nouveau statut de mère et de femme. Et moi, qui ne désirais que son bonheur, je provoque son malheur, me répète-t-elle. À partir de là, mon lien avec Virginie s'est cassé. À cette période-là, elle m'a détestée.

On arrive à Cuise-la-Motte. Les gendarmes ont tout visité, si bien qu'il se dégage une drôle d'ambiance de la maison. Elle nous semble étrange et étrangère. Je ne suis plus chez moi et encore moins la bienvenue. Je demande si je peux récupérer le seul bien auquel je sois attachée : ma chaîne hi-fi. Virginie me répond froidement que non. Elle va servir à payer les avocats, car maintenant, il va en falloir, des avocats, et des bons, pour sortir Denis de là où je l'ai envoyé, ce cul de basse-fosse où il va finir ses jours par ma faute. Et elle finit en me disant :

— Tu ne te rends pas compte : tu as gâché ta famille, je ne veux plus jamais te voir !

Je rentre chez mon copain, comme un zombie, totalement vidée de mes forces, de mon sang, de mon cœur. Je n'ai pas voulu faire de mal à ma sœur, au contraire. Et voilà le résultat.

Elle aurait pu en profiter pour faire le tri et comprendre que son histoire avec son père n'a pas d'avenir, que sans vérité, rien n'est possible. Si chacun ne reprend pas la place qui est la sienne dans l'arbre familial Mannechez, cela ne fonctionnera jamais. Elle ne l'entend pas ainsi et me rejette. Qu'est-ce que je vais devenir ? J'ai l'impression de porter les souffrances de tout le monde.

Alors, est-ce que j'ai bien fait de dénoncer les faits d'inceste ? C'est facile de se dire : « Oui, bien sûr. » Dans la réalité, c'est beaucoup plus compliqué. Il aurait fallu qu'on m'encadre, qu'on me dise que j'avais bien agi. La justice a besoin de ma parole pour aller jusqu'au procès, mais elle ne va pas m'extraire du problème ni me protéger, comme un repenti de la mafia.

Et puis, j'avais imaginé que l'histoire s'arrêterait avec l'incarcération. Ce ne sera pas le cas.

Denis est incarcéré à la maison d'arrêt de Compiègne, qui est une petite prison. Je l'ignorais, mais les délinquants sexuels ne sont pas des détenus compliqués, donc ils bénéficient souvent de facilités. Et Denis qui avait une peur bleue de la prison, peur qu'on le touche, qu'on le frappe, va très vite comprendre comment cela fonctionne. Et savoir en profiter. Toute sa vie, il a utilisé le chantage au suicide et la prise très importante de médicaments pour démontrer sa fragilité. Il sait culpabiliser les gens et se faire passer pour faible. Donc, en jouant bien avec le surveillant-chef, ou le directeur, il va obtenir dès le début une faveur : être seul en cellule et occuper la seule qui a une fenêtre qui donne sur l'extérieur. Virginie va dès lors passer ses journées, sur le parking du haras, en face de la prison, à le regarder et à échanger avec lui, par langage des signes, des mots d'amour à distance. Toute la journée. Pendant ses deux ans d'incarcération. Comment voulez-vous que Virginie se détache de son emprise ?

Dans le film américain *Project X* (Jonathan Kaplan, 1987), des chimpanzés sont formés au langage des signes pour servir de cobayes dans la recherche nucléaire sur une base de l'US Air Force. Et un jeune qui nettoie leurs cages dans la journée et ignore tout de leur rôle et de leur formation, remarque qu'un chimpanzé lui fait un geste bien précis, qu'il ne comprend pas : la main gauche enferme l'index et le majeur de la main droite, et se dégage en dessinant une ellipse vers le ciel. C'est un soir, alors qu'il regarde la télé distraitement, qu'il voit ce même signe fait par des humains muets. Et ce signe signifie : « Sauve-moi ! » À partir de là, le jeune homme va tout faire pour extraire les cobayes de la base et les sauver. C'était un des rares films que notre père nous avait laissés regarder (comme s'il avait anticipé le futur). Eh bien, là, toute la journée, il faisait ces signes à Virginie : « Sauve-moi, libère-moi, je t'aime, j'ai besoin de toi ! » Et tous les soirs, avant de le quitter, Ninie lui répondait qu'elle allait le faire. Le sortir de là.

Et comme si la distance était encore trop grande, très vite, des permis de visite famille vont se mettre en place. Et être distribués à sa sœur Nicole, la plus proche, à Virginie et à moi.

Pourquoi, alors que la relation de notre père avec nous est l'objet du crime qui doit être jugé, permet-on qu'il conserve toute son emprise sur nous avec des parloirs ? Et quand cela ne suffit pas, sa sœur Nicole en rajoute une couche, surveille, encadre. Elle joue un rôle très important durant cette période en s'installant dans un appartement de Compiègne avec

Virginie. Impossible de flancher, la sœur est là pour relayer les informations, les ressentis, ce qui se passe. Elle est la « taupe » de Denis.

Dans un premier temps, je suis la personne à abattre, il faut éloigner Ninie de moi. Il lui dira même :

— Je t'interdis de côtoyer Betty ! Je ne veux pas que tu la voies. Je ne veux pas que tu ailles chez elle. Quand tu déménages (il faut vendre Cuise rapidement pour payer les avocats), je ne veux pas qu'elle connaisse ta nouvelle adresse.

Mais, sur les conseils de son avocat, lui et Nicole comprennent qu'il vaut mieux que je reste dans la boucle : je suis l'élément fondateur de l'accusation et il va falloir me faire changer de version. La méthode utilisée avec moi est enfantine : on va jouer sur mes sentiments.

Je ne me suis rendue qu'une seule fois au parloir, à la demande de Virginie. En fait, à ce moment-là, elle avait peut-être encore un petit espoir de changer de vie. Elle me demande d'aller voir notre père (elle n'y est pas encore allée, elle se contente d'échanger depuis le parking) et de lui dire : « Virginie aussi veut que tu la considères comme moi, comme ta fille et rien d'autre, surtout pas comme sa femme. Auquel cas, elle viendra le voir au parloir autant que tu veux. » J'y vais, les jambes tremblantes et les yeux larmoyants. Mon père est face à moi, imposant comme d'habitude. Et il me lâche :

— Pourquoi ce n'est pas Virginie qui est là ?

Je lui passe le message, il m'écoute à peine et finit par me donner, pour Virginie, son mouchoir bleu à carreaux, trempé de ses larmes. Je sors au bout d'un quart d'heure et retrouve ma sœur. Je me doute, en lui donnant le présent, que je lui remets un cadeau empoisonné :

— Betty, Betty, je ne peux pas, je ne suis pas comme toi, je ne peux pas l'abandonner !

Je suis terriblement déçue, mais je ne peux pas la blâmer : ma sœur vit dans la souffrance de notre père toute la journée, et dans l'obsession de récupérer Quentin. Elle n'a donc aucun moment pour penser par elle-même. Personne pour l'aider à y voir clair. Il aurait fallu lui adjoindre une psy et lui interdire tout lien avec Denis. C'est le contraire qui va se passer.

Pendant ces premières semaines, Laurence est dans un foyer, abandonnée d'un peu tout le monde, sauf de moi. J'entretiens un rapport très compliqué avec ma mère. Ces dernières années, je la détestais, mais c'est quand même ma mère. Même si elle n'a pas joué son rôle de mère protectrice, elle était aussi sous le joug de Denis. Leur pacte diabolique les protégeait et elle semblait s'en accommoder. Excepté quand on lui a retiré les cordons de la bourse – ça, elle n'a pas aimé du tout –, je ne l'ai jamais vue pleurer, sinon sur son sort. Quoi qu'il en soit, elle reste notre mère, donc dans mon cœur d'enfant, de petite fille, d'adolescente, de femme qui se cherche, elle reste mon interlocutrice.

Un jour, je sens qu'elle a peur. Pour l'instant, seul mon père est impliqué. Ni Virginie ni moi n'avons dit quoi que ce soit sur le rôle qu'elle a joué. Mais elle est inquiète, elle sait que les enquêteurs lui tournent autour car Denis l'a balancée sans scrupule. Deux jours après son incarcération, dans un courrier au juge d'instruction, il raconte qu'elle était autant, sinon plus, coupable que lui. Elle organisait les ébats. Pire, elle y participait. Elle est donc à la fois complice et coupable car elle aussi, elle nous a violées. En détention, il a accepté de suivre une psychothérapie (cela fait bien dans son dossier) et il raconte qu'elle lui ouvre les yeux. Et que, progressivement, il comprend qu'il a été l'objet de sa femme, qui préférait mettre leurs filles dans son lit plutôt que d'apprendre qu'il la trompait à l'extérieur. Et donc que c'est elle l'instigatrice de tout cela, la manipulatrice, qui d'ailleurs n'hésitait jamais à être présente et à « diriger » les filles.

Les gendarmes entendent, ils ne sont pas dupes du fait que Denis essaie de se défausser sur sa femme des faits les plus graves, mais ils savent aussi qu'il n'y a pas de meilleurs aveux que lorsque les complices se balancent entre eux. Il suffit de laisser parler le premier, d'aller voir le deuxième en disant : « Si vous saviez ce que dit l'autre... » pour que le deuxième renchérisse, etc. Au bout du compte, cela donne un dossier en béton.

Laurence, qui a eu vent du fait que Denis la balançait et que je devais être réinterrogée dans l'après-midi me demande de mentir sur les parties à plusieurs. Je veux retrouver ma mère, mais pas au prix de mensonges. Face aux gendarmes, je dis donc la vérité, et explique pourquoi je n'en avais jamais parlé jusqu'à maintenant.

Je ressors et vais retrouver ma mère. Je pleure :

— Excuse-moi, je n'ai pas pu mentir.

J'ignorais que les gendarmes avaient repéré sa présence et m'avaient suivie… Ils lui passent les menottes et l'embarquent. Je vis l'arrestation de ma mère en direct. Si elle avait pleuré, j'aurais sans doute empêché les gendarmes de l'interpeller, mais elle n'a pas versé une larme.

Alors que moi, je m'écroule. D'un côté je me dis : ça y est, tout est dit ! Mais dans le même temps, voir sa mère menottée partir dans une voiture de gendarmerie vers la prison de Beauvais, parce qu'on vient de révéler ses crimes, c'est terrible. Je me sens encore plus coupable, plus triste. Je l'aime, mais je ne peux pas tricher. Nous sommes obligés de passer par cette étape-là, mais j'espère que tout le monde réfléchira et acceptera la punition. Ils ont gravement fauté, ils doivent payer ! Peut-être qu'après, on pourra recommencer quelque chose sur de nouvelles bases, mais c'est un passage nécessaire.

Mais en attendant, comme demain, c'est la Fête des mères, je fais ce qu'elle m'avait demandé : je file lui faire un agrandissement photo de notre petite Coralie. J'essaie encore de faire le bien, malgré tout le mal de cette affaire.

J'écrirai beaucoup à ma mère en prison, je serai d'ailleurs la seule de ses enfants à le faire. Je lui envoie aussi des mandats, des vêtements, des colis de Noël, alors que je tire le diable par la queue. J'avais besoin qu'elle me réponde : « On n'aurait pas dû faire cela, ce n'est pas bien, ce qu'on vous a fait… » Mais non, elle ne parlera jamais que d'elle et de ses petites misères d'incarcérée. Je sais que c'est un monstre, mais la seule mère que j'ai, c'est elle !

Je n'ai jamais failli : tous les jours, elle a eu droit à un courrier de ma part. Elle me répondait en découpant des choses dans les catalogues pour enfants car dans le même temps, j'allais devenir mère à mon tour. Mais elle n'a jamais répondu à mes questions.

Devant les enquêteurs, Laurence ne va pas nier. Elle reconnaît l'inceste dont nous avons été victimes de sa part, Virginie et moi. Mais elle se présente aussi comme une victime de notre père, son mari : « Je n'ai pas protégé mes enfants, mais je n'avais pas le droit de le faire. J'avais peur de perdre mes enfants. Mes filles savaient que j'étais battue ! » Quant à sa participation, elle la minore au maximum : « On me reproche d'avoir participé : j'ai été dans le lit, jamais je n'ai touché mes filles volontairement. C'était sur ses ordres : toucher la poitrine, l'embrasser. C'était sous la couverture, c'était caché. Il savait que je ne voulais pas. » Les experts psychiatres parleront d'une expression de deux mouvements psychiques contradictoires : d'un côté, elle accepte sa punition (pour avoir été une mauvaise mère), mais dans le même temps, elle tente de montrer son innocence et sa victimisation (elle n'avait pas le choix), d'où une certaine ambivalence. Et en tout cas, ils noteront une absence d'empathie envers ses enfants... Le contraire d'une maman !

Laurence, face aux enquêteurs, déclare avoir été impuissante face à un mari tyrannique et parfois violent (en symétrie d'ailleurs avec les déclarations de celui-ci qui l'accuse d'être à l'origine des relations sexuelles avec ses filles), sans faire le lien avec les délits qu'elle commettait. Pourtant, son rapport à l'argent éclaire en contrepoint la mise en place de l'inceste. Laurence dira d'ailleurs au cours de la confrontation : « C'est vrai que ces rapports sexuels avec mes filles me permettaient de retarder le moment de la découverte de mes dépenses. » Le sexe et l'argent sont liés : je vole, tu incestes. En clair, Laurence faisait « payer » Denis pour ce qu'il nous faisait : il devait couvrir ses folles dépenses et les découverts sans broncher étant donné qu'elle couvrait ses méfaits. Dans leur système, Virginie et moi sommes une simple monnaie d'échange.

Je dois faire avec : mes parents ne reconnaîtront jamais totalement la vérité, ils essaieront toujours de minimiser leurs rôles, de reporter la faute sur l'autre en oubliant que nous, leurs enfants, nous avions besoin de vérité pour avancer. Mais cela n'est pas leur souci. D'autant que si cette double incarcération marque la fin de fait de leur couple, officiellement, ce n'est pas encore le cas : Laurence demande le divorce et ne l'obtiendra qu'en 2009. Pour l'heure, en détention, Denis continue de dire qu'il adore sa femme Laurence (alors que c'est Virginie qui est devenue sa véritable compagne). Qu'il lui envoie des lettres, du linge et des mandats par l'intermédiaire de la famille, car ils n'ont bien sûr aucun droit de communiquer. Et prétend qu'en retour, il reçoit des lettres d'amour de son épouse.

Lors de leur confrontation pourtant, il considère que Laurence a tout fait pour minimiser son rôle : « Elle a tout nié. Notamment avoir été sciemment dans le lit, sauf que j'affirme que Laurence avec Betty avait une bisexualité totale. »

Tandis que mes parents se renvoient la balle, la relation reste compliquée avec ma sœur. Elle a un enfant, je vais en avoir un à mon tour, on rêvait de vivre nos maternités de manière fusionnelle, je ne peux pas accepter qu'on soit devenues des ennemies. Que je sois responsable de tous ses malheurs, à commencer par le placement de son fils, si petit. Je ne veux pas lui briser le cœur. C'est ainsi que, trop jeune, trop longtemps lobotomisée, je deviens peu à peu perméable aux arguments de ma Ninie. Je ne veux pas la perdre à jamais dans cette bataille contre nos parents. J'ignore alors que je vais connaître une guerre d'un tout autre genre.

Il aurait fallu que la justice s'en mêle, nous aide, nous soutienne, nous encadre. Virginie, Quentin et moi. Qu'elle creuse le fossé, au moins temporairement, entre nos parents et nous. Mais, faute de soutien adapté, je craque et appelle Ninie :

— OK, je vais changer de version, je vais dire tout ce que tu veux, pour ton bonheur. J'oublie la vérité pour toi.

Huit mois après ma dénonciation, je retire ma plainte.

Je comprendrai, avec le temps, que notre dossier ne s'en est jamais remis. S'il mettra dix ans à être audiencé en cours d'assises, c'est parce qu'il devenait bancal et que les juges ne voulaient pas partir avec un tel dossier, au risque de se faire étriller par la défense.

Côté Mannechez en revanche, je deviens immédiatement à nouveau fréquentable. Denis et ses avocats commencent à mettre en place une stratégie. C'est Ninie qui est leur voix. Mue par sa volonté de sauver son père et le père de son fils, de récupérer ce dernier et de reformer un cocon, elle va faire croire que c'est elle qui gère leur relation et décide. Peu importent la vérité et le prix à payer.

Dans un premier temps, elle me demande d'écrire à mon père pour m'excuser de ce que je lui fais subir, lui demander pardon d'avoir menti, par jalousie envers Virginie. Il fallait que je dise que j'étais amoureuse de Denis, et avais agi par dépit. Qu'il ne m'avait jamais frappée, bien au contraire. Je faisais tout cela sous la dictée de Ninie et de ma tante cerbère Nicole.

Bien évidemment, nos courriers sont lus par le juge d'instruction, qui me convoque. Il va me suffire de répéter « mes » écrits. À la sortie du cabinet, ma tante et ma sœur me tombent dans les bras. Cela fait à peine un mois et demi que Laurence et Denis sont incarcérés.

À cette époque, je me déteste de ce que je fais car je renie ma fuite et toutes les personnes qui m'ont aidée à dénoncer les faits. Mais de l'autre côté, il y a ma sœur et la famille. Si je n'avais pas été aussi isolée et peu encadrée par la justice…

Virginie change aussitôt complètement d'attitude par rapport à moi : on redevient les complices que nous étions en cachette, adolescentes. Sauf que, téléguidée par notre père, elle me manipule. Elle m'explique qu'elle a trouvé un avocat, et pas n'importe lequel. Un très bon, conseillé par Denis. Qui a déjà gagné un procès, dont la presse s'est fait l'écho largement : l'affaire d'Outreau. Les journalistes le surnomment le « ténor d'Amiens ». Dans notre dossier, cet avocat va œuvrer dans le même sens : tout n'est que mensonges d'enfant, relayés par des adultes ! Que de points communs avec notre affaire ! Oui, certes. Si on veut tordre la vérité.

Ninie me conseille d'ailleurs de prendre avec elle un avocat proche de celui de Denis, présent aussi à Outreau. J'accepte. Je ne le connais bien évidemment absolument pas, à part sa photo vue dans la presse. Je sais juste qu'il a obtenu beaucoup d'acquittements. Il préfère être en défense qu'en partie civile. Mais pour aider son ami… Il est connu pour terrifier les magistrats, qui tremblent devant lui. Je n'ai bien sûr pas les moyens de le payer, donc c'est Ninie, avec l'argent de Denis, qui va s'en charger.

Aujourd'hui, je m'aperçois qu'il aurait dû y avoir une alerte déontologique : les avocats de la partie civile – Ninie et moi – sont choisis par la défense du principal accusé, notre père.

Une avocate, pour le coup très batailleuse et qui ne s'en laisse pas conter, est cependant nommée par le conseil régional pour la défense de nos frères et sœur. Mais comme elle ne plaît pas au duo, ils vont tout faire pour la mettre de côté. Ils y parviendront à la veille du premier procès.

En conclusion, il faut s'inscrire dans l'image de la famille que nous sommes censées être désormais : Ninie s'est libérée de notre père et vit très bien aujourd'hui, donc il faut lui rendre Quentin. Quant à moi, j'étais jalouse à l'époque, mais depuis, j'ai fait ma vie, j'ai eu un enfant, je n'en veux plus à mon père. Passons l'éponge sur ce passé, bien sûr parfaitement digéré.

Je redeviens le pantin que j'étais, enfant. Je fais ce qu'on m'a dit de faire. Je n'ai rien oublié, mais je récite mon texte. Et, contre toute attente, cela fonctionne. Je pensais que la justice était forte et n'allait pas se laisser berner, mais je la vois avaler les couleuvres les unes après les autres. Mes larmes et ma peur ne touchent personne. Le duo d'avocats prend confiance.

Ils ont fait imploser l'affaire d'Outreau, ils vont faire de même avec l'affaire Mannechez.

Moins de deux ans après leur incarcération, nos parents sortent. L'enfant perd, l'adulte gagne. Le pire est à venir. Je suis un pion. Sauf que maintenant, le damier est judiciaire.

10

La Tempête du siècle

Il y a certains événements qui touchent tout le monde : on se souvient où on était quand on l'a appris ou découvert. J'imagine que chaque Américain sait où il était quand il a appris la mort de Kennedy. Et je suis sûre que chaque être humain sait ce qu'il était en train de faire quand il a appris le drame du World Trade Center. Enfin, chaque Français sait où et avec qui il a vu la finale de Coupe du monde de 1998 et celle de 2018.

De la même façon, tout le monde se souvient de la tempête de 1999 et de l'état de dévastation le lendemain, surtout ici, dans le Nord et la Picardie. On aurait dit qu'une nuit hors du temps s'abattait sur nous, sur l'humanité tout entière. Eh bien, ce « moment mémoriel », les avocats vont en jouer.

Car s'il y a bien un os pour eux dans notre dossier, c'est l'âge des « premières fois » de Ninie et de moi. Si nous avions plus de 15 ans à ce moment-là, les actes seront qualifiés de délit et non plus de crime, car à 15 ans, une jeune fille est considérée comme majeure sexuellement et en âge d'exprimer un consentement.

Dans notre cas, la question se complique car la personne à laquelle on fait face est notre père.

Vous vous souvenez à partir de quel âge vous avez pu envoyer votre père promener ? Moi, je n'ai jamais pu, ma seule solution a été la fugue, pas l'affrontement. Mon père me terrifie et me terrifiera toujours.

Maintenant, si on en revient à nos premières fois : Ninie avait environ 10 ans, et moi, entre 8 et 10 ans. Tout a commencé à la même période pour nous deux étant donné que nous avons deux ans de différence.

L'avocat de Denis, très finement, nous dit de ne pas parler de date ou d'année pour la première fois en confrontation, mais sans pour autant être vagues. Et c'est là qu'entre en jeu la fameuse tempête de 1999. Je vais devoir raconter que la première fois, c'était au cours de cette nuit terrifiante où la tempête a traversé le nord de la France, je m'en souviens très bien. À la justice de faire le calcul. Fin 1999, j'avais plus de 16 ans, l'affaire est jouée. Dès lors, on va faire comme si c'étaient les autres éléments du dossier qui se trompaient.

Or mon carnet de santé est formel : à 8 ans, lors de mon hospitalisation pour malnutrition, mon père est venu pour me « verrouiller » car j'étais déjà sa victime, et mes IVG devraient être imparables : j'ai avorté à 13, 15 et 17 ans. Alors que je n'ai connu que mon premier copain, le père de mes premiers enfants, qu'à 18 ans révolus ! Eh bien, cette fable de la tempête va pourtant passer et devenir dorénavant la vérité retenue dans ce dossier.

De plus, même à plus de 15 ans, la question du consentement demeure, alors les avocats vont nous convaincre d'affirmer que c'est nous qui étions amoureuses de notre père et demandeuses de relations sexuelles avec lui. Pas de problème pour Ninie. Moi, je me dégoûte, mais je finis par adhérer à cette thèse absurde.

Aujourd'hui, je sais que face à son père, il ne peut pas y avoir de consentement d'un enfant. La discussion est viciée à la base.

Avec ces deux éléments – le consentement et l'âge de la première fois –, les confrontations judiciaires de Ninie et moi avec notre père sont une promenade de santé pour lui. Il se contente de hausser les épaules face au juge ! Le pauvre homme, si convoité par trois femmes, aussi amoureuses de lui que jalouses les unes des autres… Comme nos avocats sont de mèche et que l'avocate de nos frères et sœurs n'est pas là, le juge d'instruction prend acte.

Mais pourquoi aussi facilement ?

La manipulation judiciaire est en marche et elle va avancer encore plus vite à partir du 4 janvier 2004. En effet, ce jour-là, notre père est libéré.

La peur, toujours présente en moi, au mieux souterraine, remonte d'un coup à la surface, prête à m'envelopper. Car j'ai parlé. Et pas sûr que mes rétractations soient suffisantes à ses yeux glaçants. Ses menaces et sanctions ont toujours fini par tomber dans notre enfance, et je doute qu'il ait changé sur ce point. Que faire ? Fuir ? Fuir encore ? À l'époque, j'ai une maison, un conjoint et je suis enceinte de mon second fils. Je ne peux pas tout laisser en plan. Et le peu que j'ai construit avec ma sœur ? À nouveau tout quitter ? Je ne m'en sens pas la force. Ninie n'a pas vécu ma première grossesse, mais elle a vu mon premier enfant et elle est présente pour ma deuxième grossesse. Comme si nous étions deux vraies sœurs.

Confrontée à la libération de notre père, j'annihile toute velléité de vérité en moi et je donne les clés de mon destin à Ninie. Je redeviens la Betty soumise. Je rentre dans ce moule que je connais si bien : « Marche ou crève ! »

Progressivement, Denis va étendre de nouveau son emprise sur toute la famille Mannechez. Son arme fatale ? Son fils, Quentin, que tout le monde veut voir. Alors il va en jouer, il va manipuler nos cœurs, notre désir de famille, nos sensibilités d'enfants mal grandis. Notre père, qui portait du 56, nage dorénavant dans du 38. On dirait un cancéreux en phase terminale. On voit cet homme qui affirme être détruit. Et il sait en jouer. Diaboliquement !

Avec son intelligence et sa sensibilité, mon père aurait pu se remettre en cause et évoluer, dans le bien et non plus dans le mal. Il aurait pu mettre un terme à tout cela. La justice d'ailleurs aurait pu l'y contraindre, par une psychothérapie avec obligation de suivi et en lui interdisant tout contact avec sa famille. C'est ce qui a été mis en place officiellement, mais cela ne sera jamais appliqué en pratique. Et mon père va décider de rester le Denis Mannechez terrifiant qui dirige une secte. Au détriment de nous tous.

Le 4 janvier 2004, juste après les fêtes, Ninie m'appelle :

— Papa va sortir, je vais le chercher avec Nicolas ce soir.

Il est hors de question que j'y aille. Et dans la foulée, l'avocate de ma mère obtient aussi la libération de sa cliente, moins de vingt-quatre heures plus tard : si l'un sort…

Pendant sa détention, j'ai essayé de créer un nouveau lien avec ma mère. Je me dis qu'elle va venir me voir, qu'elle va faire connaissance avec mon enfant et être présente pendant ma deuxième grossesse. Elle l'avait fait pour Virginie, alors que Quentin était le fruit de l'inceste. J'aurais aimé qu'elle vienne me voir, qu'elle pose aussi sa main sur mon ventre rebondi, comme une vraie mamie, quoi ! Mais non ! Elle ne me rend aucune visite.

En revanche, j'apprends que malgré l'interdiction que ses membres ont de se fréquenter, toute ma famille se retrouve le jour de la sortie de prison au bowling-karting de Compiègne. Comme une famille lambda. Tout le schéma sectaire se remet en place en une seconde. Ils ont beau s'être accusés de tout en confrontation, mes parents s'embrassent et passent la soirée ensemble… Mais comment est-ce possible ? On n'en sortira donc jamais.

Puis, ma mère s'en va à Béthune, pour passer un CAP de vente textile, son projet prévu pour sa sortie de prison. Elle me promet qu'elle passera me voir après. Qu'elle veut faire connaissance avec ses petits-enfants, dont on a tant discuté pendant sa détention ! Nous l'attendons toujours… Ma mère m'a rayée définitivement de sa vie. Alors, à mon tour, je l'efface, alors même que mon cœur aurait accepté de lui pardonner. Depuis 2004, je n'ai fait que la croiser. Nous sommes devenues des étrangères. Elle ne connaît pas mes enfants, elle s'en moque ! Son attitude a contribué à détruire ma vie.

La justice a aussi sa part de responsabilité. Entre la sortie de prison de mes parents mis en examen pour viols et complicité de viols, et théoriquement sous contrôle judiciaire et le procès, cela va durer sept ans… sept longues années. Une décennie entre ma dénonciation et les assises. On finissait par ne plus y croire. J'attendais désespérément la justice, et elle n'arrivait pas ! Mon père avait alors beau jeu de prétendre que la justice ne pouvait rien contre lui, que « nos » avocats, dans tous les cas, mettraient l'accusation en pièces. C'est donc cela, la justice ?

Comment ne pas continuer de croire à la toute-puissance de Denis Mannechez ?

Ninie avait récupéré Quentin quelques mois après son placement, mais bien avant la sortie de prison de notre père. Elle lui montrait son fils depuis le parking du haras !

Sur ses papiers, Quentin ne sera jamais le fils officiel de Denis. C'est impossible officiellement : on ne peut pas être à la fois le père et le grand-père de son fils en droit civil. En revanche, dans la pratique, il aurait fallu aussi empêcher Denis de s'occuper de Quentin, mais ce ne sera pas le cas. À sa sortie de prison, il se réinstalle avec Virginie et Quentin dans un appartement de Compiègne. Normalement, il loge chez sa sœur, mais c'est juste un camouflage pour la justice. Dans la réalité, il est toujours avec Virginie. Quand les services sociaux viennent vérifier, ils font l'erreur de prévenir plusieurs jours avant de leur visite, donc ce jour-là, Denis se rend dans son appartement vide, où il ne reçoit que son courrier. Les rares fois où les services sociaux se sont présentés sans s'annoncer, Denis se cachait vite dans la salle de bains. Et après leur départ, c'était la joie dans la maison : ils avaient fait un beau pied de nez à la justice et à la société !

Quand Laurence revient, avec son CAP en poche, devinez où elle s'installe ? Juste au-dessus de Denis et Virginie. Les parties à trois reprennent de plus belle, et Laurence devient la nounou gratuite de Quentin pendant les heures de bureau de Denis et Ninie.

Laurence n'a bien sûr aucunement le droit de voir cet enfant, fruit de l'inceste, mais les services sociaux sont débordés. Cet enfant est son petit-fils par sa fille, mais aussi le nouvel enfant de son ex, avec la séparation. Un maelström de confusion des genres, sauf qu'eux font comme si tout cela était normal.

Moi, j'apprends cela au fur et à mesure, mais je garde mes distances. Je n'ai plus envie de vivre dans cette ambiance, de cautionner ce système, ce schéma sectaire. J'enrage de voir comment les services sociaux et l'État se font berner, passant à chaque fois à côté. Je dois protéger mon foyer. Je suis vue comme une égoïste, une « cas soc' » car avec mon compagnon, nous vivotons chichement. J'ai une vieille voiture toute pourrie pour aller travailler tandis qu'eux roulent dans de belles voitures toutes neuves. Mais au moins, je peux me regarder dans la glace !

J'enrage quand j'apprends que Laurence recommence à sortir et que Ninie fait une formation de mécanicienne pendant que Denis, au chômage, s'occupe de Quentin. J'aimerais que cet enfant ait une vie normale : s'il est plongé dans le schéma que j'ai connu, jamais il ne pourra s'en sortir.

La suite va se dérouler en plusieurs actes. Mais tout va tourner autour d'une nouvelle entreprise. Un garage, à Pont-Sainte-Maxence. Denis en est le patron, mais pas sur les papiers, car il a un contrôle judiciaire strict sur ce point. Donc le garage est au nom de Virginie, qui en est la mécanicienne et qui gère l'accueil clients. Pour cela, ma sœur a toujours été douée. C'est un rayon de soleil, ma Ninie, avec sa blondeur et son sourire, tous les clients sont sous le charme. Alors qu'avec Denis, c'est quitte ou double, certains adorent son côté pro, efficace, tandis que d'autres se méfient de lui : ils sentent la part noire qu'il porte en lui dans son regard menaçant. Et ça, ce n'est pas bon pour le commerce.

Reste que tout le monde a toujours trouvé bizarre que Virginie, « la Duchesse » toujours impeccable, aime autant la mécanique auto qui oblige à mettre les mains dans le cambouis. Mais, elle adorait cela et elle s'est toujours montrée douée, jusqu'à la fin qui la verra mourir au volant d'une dépanneuse… Mais je vais trop vite.

En attendant, ce garage va faussement fédérer la famille au cours de différentes périodes. D'abord, la période Laurence. Elle ne se contente plus d'être la voisine-nounou-grand-mère de Quentin, elle revient travailler avec Denis, son ex, qui lui met les points sur les I. Sur sa capacité à voler et tricher ? Pas du tout ! Sur le fait qu'elle doit revenir sur ses aveux au sujet de ce qui se passait au sein de la famille Mannechez. Au début, elle refuse. Réaction immédiate : tu ne vois plus Quentin !

Cet enfant va être à chaque fois instrumentalisé : tu veux le voir ? Alors il faut en quelque sorte signer la charte que ce qui se passe dans la famille reste dans la famille, on n'en parle pas à l'extérieur. Et même plus :

il faut qu'elle change d'avocate car cette dernière n'est pas dans la boucle de l'avocat de Denis.

Ainsi l'avocate de ma mère reçoit un jour un courrier lui indiquant que sa cliente ne souhaite plus qu'elle la représente lors de cette procédure. L'avocate s'étrangle et s'insurge, mais elle comprend que sa cliente repart dans le schéma sectaire Mannechez, d'autant que cette lettre arrive juste après une audience devant le juge des enfants. L'enjeu, ce jour-là, concernait Coralie, la dernière fille du couple Mannechez. Virginie demandait des droits de visite et d'hébergement de sa petite sœur. Or, du point de vue de Laurence et de son avocate, accorder ce droit à Virginie, c'était l'accorder aussi à Denis qui est présent en réalité au domicile de Virginie. Laurence faisait alors valoir le fait qu'elle-même n'avait aucun droit sur sa dernière fille, sans logement adapté ni de réel travail, mais qu'elle aurait juste aimé la voir. Elle se doute cependant que si Coralie retourne chez sa sœur régulièrement, c'est « refermer les tentacules de la pieuvre ».

L'avocate de Laurence se souvient de cette audience très bizarre où sa cliente était en jean et baskets avec un petit tee-shirt blanc, recroquevillée sur sa chaise, face à une Virginie en tailleur et talons aiguilles. « C'était à se demander qui était la mère et qui était la fille. De manière criante de vérité. C'était troublant et perturbant, très clairement. »

Depuis le début, dans cette famille, Coralie est considérée comme le premier enfant de Denis et Virginie, avec la mise de côté de la véritable mère, Laurence.

L'avocate est néanmoins fière de son résultat ce jour-là : aucun droit de visite et d'hébergement n'est donné concernant Coralie.

Il est assez simple d'imaginer qu'en coulisses, Virginie a dit à sa mère : « Tu as vu ? À cause de ton avocate, Coralie reste placée en famille alors que ses parents sont dehors et peuvent l'accueillir. On te permet de voir Quentin, on t'aurait permis de voir Coralie. Vire ton avocate et tu les verras. »

Et c'est ce qui arrive : l'avocate de Laurence est démise. Le chantage affectif a fonctionné. Laurence peut alors intégrer le garage. Et le week-end, elle peut voir la famille se reconstituer, presque comme avant. Et Laurence écrit au juge d'instruction pour raconter qu'elle a menti, que le cocon familial était un océan de bonheur.

Sauf qu'on ne change pas les rayures des zèbres. Laurence, tolérée, mais après avoir abandonné son rôle matriarcal, lequel est dévolu à Virginie, ronge son frein. Et recommence à plonger dans les vols, les fausses factures, les malversations. Denis et Virginie ne peuvent plus accepter cela.

Alors, même s'il y a un risque de répercussion dans le dossier d'inceste, Laurence est définitivement exclue du garage. Elle devient l'ennemie à abattre, la personne à déconsidérer, la mère qu'on doit empêcher d'avoir un quelconque droit sur ses enfants et son petit-fils. À partir de là, elle retourne voir son avocate, toute penaude.

« Je l'avais mauvaise, se souvient l'avocate. Un, le dossier était dorénavant clos, donc procéduralement, il n'y avait plus rien à faire, ses rétractations étaient gravées dans le marbre. Elle pouvait toujours revenir à nouveau à sa version initiale à l'audience d'assises sauf que cette fois, il fallait tenir sa ligne sans céder. Et deux, je n'aime pas qu'on joue ainsi avec moi. Une fois que je me lance dans l'arène, j'ai besoin qu'on tienne derrière. Mais Laurence est revenue vers moi en me promettant, en affirmant qu'elle avait fait "une belle connerie" en me désistant, qu'elle avait été manipulée par son amour de mère. Mais que maintenant, elle n'avait plus rien à attendre d'eux, que la justice devait passer. Après l'avoir menacée de la mettre à la porte, je lui ai demandé un temps de réflexion, car je n'avais pas apprécié la manière. »

Après de longues semaines au cours desquelles Laurence s'explique par écrit. L'avocate accepte, si et seulement si sa cliente s'engage à tenir bon cette fois. Elle promet.

Au garage, après la période Laurence, arrive une dernière période, la mienne.

Je m'étais pourtant promis de ne pas revenir dans la secte Mannechez. Mais, une fois de plus, on va m'avoir aux sentiments. Cinq ans après la sortie de mes parents (en 2007-2008 donc, j'avais 26-27 ans), mon père m'appelle, je ne réponds pas. Il se rend à mon travail et m'annonce que Ninie est en grande dépression, qu'elle prend beaucoup de médicaments parce que je lui manque trop. J'ai bien évidemment envie de la voir, donc je le crois. Ma mère et mes frères ne sont plus au garage. J'accepte de venir. Je revois Ninie, elle me tombe dans les bras, m'expliquant combien je lui manque. Je sens qu'il y a ce lien de frangines ados qui peut se reformer. J'accepte le poste de secrétaire commerciale.

Rapidement, je découvre que c'est un plan foireux. Au garage, mon rôle n'est pas clair, et ma place, encore moins. En fait, je passe mes journées à l'écart, dans une cabane au bout du terrain. Je ne vois Ninie et n'échange avec elle que pendant le repas du midi et à chaque fois, c'est pour me verrouiller : quand le procès va arriver, il va falloir aller jusqu'au bout de ton parjure maintenant…

Je n'ai pas l'impression de parler avec une sœur, mais avec une émissaire de Denis et de ses avocats : voilà ce qu'il faut faire pour que notre père ne retourne pas en prison. Il faut qu'il reste libre pour Ninie et Quentin ! À aucun moment on ne parle de la vérité de l'affaire ou du dossier, juste de ce que je dois faire pour que nos parents s'en sortent le mieux possible.

À ce moment-là, je suis « un déchet » psychologiquement ! Mon semblant de vie de couple et de mère n'est rien face à tous ces mensonges que j'accepte d'intégrer. Je suis démunie et perdue. Je ne trouve ma place nulle part. J'ai le sentiment de n'avoir que Ninie, même si elle est « maraboutée », je me raccroche à notre relation. Je la comprends, elle n'a jamais connu la liberté, tous ses choix ont été dictés par notre père, mais c'est une maman, comme moi. Que devons-nous faire pour exister ?

Un jour où ce mélange des genres, cette confusion des sentiments, devient trop fort, je me fâche avec Virginie. Ce n'est pas pour autant que je reviendrai sur ma nouvelle version, je le leur promets.

Il n'y aura qu'un seul avocat, pour Virginie et pour moi, comme si nous parlions d'une seule voix. Il aurait fallu qu'on me pousse, qu'on m'isole du clan...

« Acquittator » a toujours raconté dans ses livres et en interview que le « petit juge » d'Outreau avait commis une erreur impardonnable : auditionner en mélangeant les menteurs (Myriam Delay Badaoui et consorts) avec les accusés à tort. Donc le jeu était faussé d'avance. Une fois que quatre personnes ont affirmé que tu as participé à des viols d'enfants, même si tu réponds que jamais de la vie, ce sont des mensonges, tu es seul contre quatre, l'arithmétique t'est fatale. Sauf que dans notre dossier, où ce grand avocat médiatique était partie civile, il ne m'a jamais interrogée autrement ! Il se mettait d'accord avec son confrère amiénois aux cheveux blancs, qui était l'avocat de Denis, puis il demandait à Virginie sa position qui était et a toujours été de sauver son père et « compagnon ». Donc quand on arrivait à moi, comment aurais-je pu nager à contre-courant ? J'étais coincée, foutue !

Heureusement, à cette période, j'avais ma belle-famille, celle de mon copain, père de mes enfants. Ils m'ont toujours crue et comprise. Ils avaient un regard extérieur et me promettaient :

— T'inquiète pas, la justice fera son travail. Elle comprendra et fera la part des choses. Les avocats défendent, mais ils n'ont pas tout pouvoir dans une cour. Il y a tellement de preuves dans votre dossier...

Cela m'apportait un peu de soutien et de réconfort. Chez eux, j'étais moi, la vraie Betty ! Je ne les remercierai jamais assez de m'avoir acceptée et expliqué que je n'étais pas responsable dans cette traversée infernale. Si Denis était en sursis, je l'étais forcément aussi. Et cette famille ne savait pas totalement à quel homme j'avais affaire. Je les protégeais aussi un peu !

La laisse, tenue par Denis, n'avait toujours que la longueur que lui voulait. C'est ainsi que j'ai reçu un soir, à une heure très tardive, car on ne dort jamais avec Denis :

Quand tu auras fini d'être dans ton monde, « Alice au Pays des Merveilles », tu penseras que ton avocat m'a réclamé 20 000 euros pour vous deux !

Ce SMS est si froid, j'avais l'impression de l'avoir devant moi avec son regard de tueur qui nous a terrifiées pendant toute notre enfance. Qu'est-ce qu'il attend de moi ? Que je paye ma part ? Mais j'en suis incapable ! Si je ne paye pas, je suis encore plus fautive ? C'est de ma faute, tout ça ? Quoi que je fasse, où que je sois, il est là, tapi dans l'ombre, prêt à bondir. Quoi que je gagne en bossant, je ne pourrai jamais rembourser. Je suis enfermée dans un cercle de mort, au centre duquel se tient Denis.

Finalement, le procès qui arrive, ce ne sera ni celui de Denis, ni celui de Denis et Laurence. Ce sera celui de Ninie et moi !

11

Ne remuons pas les cendres du passé

Quand on ne connaît pas le système judiciaire et qu'en plus, on a été élevés comme nous en autarcie, on voit la justice comme la vertu dont elle porte le nom. J'en attendais énormément. Malgré les mensonges de presque toute la famille (avec parfois carrément des revirements), malgré les manipulations de notre père et des avocats qu'il a choisis pour lui et nous, malgré tout cela, je pensais que les magistrats étaient des gens sérieux qui sauraient s'y retrouver. Démêler le vrai du faux. Après tout, c'est leur métier, de trouver la vérité.

Le dossier est quand même solide, les enquêteurs ont toujours affirmé qu'avec ça, nos parents partiraient en taule pour longtemps. Mais aux assises, ce sont des magistrats d'un jour, des jurés, choisis dans les listes électorales. Ils n'ont pas le dossier, pour eux n'existe que ce qui se dit dans l'enceinte de la cour d'assises, sur un mode contradictoire. Donc l'impression dégagée joue énormément, autant que ce qui se dit.

Et dans notre cas, il y a un élément supplémentaire : le temps. Que signifie juger presque dix ans après ma dénonciation ? Nous sommes une famille, donc il y a fatalement des liens qui nous unissent. Et si pendant un temps, ils ont été distendus, l'effet de *blast*, d'onde de choc, s'est considérablement atténué avec les années. Il aurait fallu que mes parents soient jugés trois ou quatre ans maximum après ma dénonciation, et avant que la famille se reconstitue autour de Quentin.

La justice ne pouvait décemment nous demander de ne plus nous voir, ni nous parler pendant aussi longtemps, et de perdre huit ans de vie de ce petit bonhomme. Huit Noëls, huit anniversaires, huit grandes vacances. Mon père a très bien su jouer sur ce besoin que nous avions. Même la justice ne faisait plus son travail à la fin. Elle sentait que le dossier n'était plus aussi solide qu'au début. Mais n'est-ce pas son travail de le rendre solide ? Ce n'est pas le nôtre.

Entretemps, la vie a repris son cours, selon les règles de Denis et Laurence. Quand ils sont sortis, ils avaient un certain nombre d'obligations à respecter, sauf que personne n'a réellement surveillé. Dès le premier soir, mes parents buvaient un verre ensemble en public. Je peux entendre que les services sociaux et pénaux sont débordés et n'ont pas le temps d'être derrière chaque sortant, mais là… Alors, sept ans après, je n'en parle même pas. Cela ne veut plus rien dire.

Les avocats de Denis l'ont bien compris et en ont joué en orfèvres, voire en chefs d'orchestre. Il y a eu la tentative de revirement de Laurence, avec l'abandon de son avocate, cela n'a duré qu'un temps. Laurence a repris son avocate et changé de cap à nouveau. Denis et ses avocats savaient que ce duo féminin serait contre eux. Pour autant, la marge de manœuvre de ces dernières est faible car devant une cour, les actes de Laurence peuvent être jugés plus sévèrement que ceux de Denis : elle est notre mère, avec tout ce que cela signifie dans l'imaginaire de protection, d'amour et de bienveillance. Les mauvaises mères sont très mal vues aux assises, ce qui les rend en partie « neutralisables ». Il suffira de glisser benoîtement : « Et toi, Laurence, qu'as-tu fait ? »

Reste que ces ténors craignaient beaucoup l'avocate de mes frères et de Coralie, qui a la réputation d'être coriace et de défendre avec vigueur les enfants blessés, maltraités, violés. D'autant qu'elle a suivi le dossier depuis le début : elle sait tout, elle a assisté à tout. Au-delà du dossier pénal, elle a vécu directement toutes les batailles du dossier civil (les droits sur Quentin, etc.), donc elle va pouvoir s'en servir à l'audience. Voilà qui n'est pas bon du tout pour eux et qui va avoir un effet désastreux sur leur stratégie.

Denis qui, dans le dossier civil, s'était montré très, très offensif, pour ne pas dire dictatorial, doit se tenir en retrait. Et puis, son avocat compte bien jouer l'effet du temps de sa voix de baryton paternaliste : « Certes, tout cela a bien eu lieu, mais regardez-les aujourd'hui, ses filles vont bien, Denis a compris ses erreurs, ne remuons pas les cendres du passé… » Or, l'avocate des enfants a toutes les preuves pour démontrer le contraire : le temps n'a rien arrangé à l'affaire, au contraire, la « pieuvre » Denis a récupéré toute son emprise sur les siens. En un mot, cette avocate est particulièrement gênante. C'est pourquoi on lui propose en coulisses différents arrangements, qu'elle refuse vigoureusement. Après la douceur, on utilisera la menace, sans plus de résultat.

Quelques semaines avant l'ouverture du procès, alors que l'avocate se prépare au combat, ce sont mes frères, Benjamin et Nicolas, 25 et 22 ans, ses clients, qui viennent la voir pour la destituer. Ils souhaitent retirer leur constitution de parties civiles. Ils sont désolés pour elle mais, revenus dans le giron familial, ils ne veulent plus rien dénoncer. Le coup est rude pour l'avocate, mais elle est obligée de s'incliner. Sa voix ne sera donc pas entendue à l'audience. Et va cruellement manquer.

Ma mère peu dangereuse, mes frères absents, il ne reste que moi. Je suis parjure et je dois le rester jusqu'au bout : on compte sur moi, en utilisant mon amour pour ma sœur. Virginie et moi devons parler d'une même voix. Victimes de nos parents, nous devons dire que nous sommes passées à autre chose, que nous avons fait nos vies, que c'est derrière nous maintenant. Et pour que je tienne bien mon rôle, il me sera répété jusqu'à ce que je le sache mot pour mot. Je serai assise à côté de Ninie qui ne me lâchera jamais la main. À l'époque, j'y vois la preuve de notre attachement sororal. Aujourd'hui, je sais que c'est la laisse de Denis qui me tient ou me retient.

J'en veux pour cela à celui est censé être notre avocat et qui, en fait, ne me verra jamais seul à seule pour me demander ce que moi, Betty, je veux réellement. Ce que j'attends personnellement de ce procès. Il est probable que j'aurais craqué devant cet homme si impressionnant physiquement, au point qu'il terrorise certains magistrats. Mais jamais il ne me demandera quoi que ce soit. Les rendez-vous auront toujours lieu avec Ninie et, au téléphone, avec son confrère et ami, qui, de son côté, défend Denis. Donc nous, les filles, nous faisons et disons ce que notre père veut qu'on fasse et dise pour qu'il ne retourne surtout pas en prison, sa grande hantise. Ninie a l'air particulièrement convaincue. Pour moi, c'est beaucoup plus douloureux.

Nous aurons juste à être crédibles dans nos émotions. Je suis capable de donner le change : après tout, mon enfance a été un mensonge permanent, une construction destinée à donner le change à l'extérieur. Mais cela me détruit intérieurement. Quant à notre père, il nous a toujours manipulées et sait donc qu'il peut nous faire confiance : nous ne trahirons pas et nous tiendrons devant la justice. Au fond de moi, j'espère secrètement ne pas être crue. Que tous ces spécialistes de la vérité, dont certains ont lu le dossier, vont voir clair dans notre jeu, dans notre stratégie. Qu'un adulte va se lever et dire : « Non, cela ne s'est pas passé ainsi ! Ce qui s'est passé dans cette famille est terrible et dramatique, il faut remettre chacun à sa place et face à ses responsabilités ! » Mais cette personne providentielle sera absente.

Le grand jour arrive ! Nous sommes le 1er avril 2011. Dans ma tête, c'est « le silence des innocents » et mon cœur a peur, mon corps tremble, c'est très étrange. Je suis tiraillée dans des directions opposées : pour ma sœur, contre mes parents, entre la vérité et le mensonge, entre les enfants et les adultes… La cour d'assises de Beauvais est paraît-il assez petite. Je n'en sais rien, je n'y connais rien, ce n'est pas mon monde. *A priori*, je n'aurais jamais dû y mettre les pieds. Finalement, je connaîtrai trois cours d'assises différentes.

Nous arrivons tous ensemble. Mes parents comparaîtront libres, vu qu'ils ont déjà effectué une peine préventive. Donc nous allons nous croiser tout le temps pendant ces trois longues journées, parfois arriver ou repartir ensemble alors que nous sommes les victimes et eux, les accusés.

Quand un accusé comparaît libre, l'impression dégagée est totalement différente. Dans le box, encadré de policiers, tout le monde paraît coupable ! Devant le box, assis à côté de son avocat, pas forcément… L'accusé jouit d'un préjugé favorable. Et mon père sait tellement bien en jouer… c'est un commercial, un manipulateur. Prendre l'air bonhomme, il maîtrise.

La répartition va au final être très symbolique : d'un côté, mon père et son avocat, perpendiculairement, notre avocat, et nous, ses filles. En face de nous, notre mère et son avocate, comme si le combat se jouait entre elles et nous.

J'ai l'impression de vivre un cauchemar, une pièce de théâtre mise en scène par Denis et les avocats. Alors, je pleure et j'ai peur. Y a-t-il, derrière ce rideau, un soupçon d'espoir de délivrance ? Je suis alors une petite fille qui a menti et qui aimerait que les adultes comprennent quand et pourquoi j'ai menti. Qu'en fait, c'est la deuxième fois, lorsque je suis revenue sur mes déclarations, que j'ai menti, pas quand j'ai dénoncé. J'attends un miracle qui m'apporterait sécurité et protection.

L'appel des jurés, c'est parti ! On récuse les femmes et les jeunes hommes… Ne me demandez pas pourquoi. La stratégie décidée par Denis et mise en gamme par les avocats commence. De temps en temps, notre père nous fixe en clignant des yeux. Ma mère, je ne la regarderai quasiment pas. Depuis qu'elle a coupé les ponts avec moi, je ne veux ni chercher à la comprendre, ni lui pardonner. Les témoins se succèdent. Les gendarmes, droits dans leurs bottes, ne vacillent pas sous les attaques des avocats. Pour eux, leur enquête a établi les faits et leur gravité, ce qui s'est passé depuis ne les regarde pas. Il y a bien eu inceste, c'est-à-dire des viols par personne ayant autorité sur des mineures de moins de 15 ans.

Les experts psychiatres expliquent que Denis Mannechez, contrairement à l'image qu'il donne à l'audience, est un homme puissant qui veut tout contrôler. Jusque-là, pour moi, tout cela est une évidence. J'ai l'impression qu'on s'achemine vers la vérité. Mais ensuite, on passe aux auditions de la famille.

D'abord ma mère. Tout chez elle – son discours, son attitude larmoyante – m'insupporte. Certes, elle était sous la menace, sous l'emprise de son mari, mais elle n'a rien fait pour nous protéger. Au contraire ! Elle se présente comme une femme qui était en danger de mort. Sauf que pour se sauver, elle nous a envoyées à l'abattoir tout en nous traitant de putes. Elle était en âge de vivre une sexualité, pas nous. Elle a choisi son partenaire sexuel, elle l'a même épousé. Nous, il nous a été imposé.

Voilà le tour de Virginie. Je vais assister au témoignage d'une Ninie transfigurée, en mission. Elle paraît à l'aise, sûre d'elle-même et de son droit, parfois même bravache. À la question de la cour : « Vous êtes-vous reconstruite aujourd'hui ? », ma sœur est affirmative et récite le petit discours que lui ont suggéré les avocats :

— Oui, je me suis reconstruite, c'était compliqué au vu de mon histoire, mais j'y suis parvenue. Par contre, je n'ai plus confiance dans les hommes, je me suis révélée lesbienne, je préfère les femmes !

C'est hallucinant et faux, mais personne ne va vérifier. La seule chose que veut savoir la cour, c'est si elle a des relations en présence de son fils Quentin.

— Bien sûr que non, je fais cela en cachette.

Après, elle explique qu'officiellement, son enfant n'a pas de père, mais que Quentin sait que son père est Denis. Qu'ils se voient un week-end sur deux. Là encore, c'est bien évidemment faux : ils vivent sous le même toit ! Elle ajoute que ces week-ends papa se déroulent très bien depuis la sortie de prison. Malgré le procès qui arrivait, Quentin a été tenu à l'écart de la procédure, pour vivre sa vie d'enfant normal. C'est un enfant de parents séparés, c'est tout ! Comme beaucoup de ses camarades.

Justement, elle espère que les jurés comprendront qu'il ne faut pas perturber davantage cet enfant en renvoyant son père en prison pour de longues années. Après tout, depuis toutes ces années, Quentin ne s'en sort pas trop mal, à quoi bon tout gâcher aujourd'hui ? La justice a laissé une chance à la liberté, depuis c'est comme ça, et cela convient à tout le monde. Tout le monde a compris la faute du départ, mais nous avons appris à faire avec et nous sommes heureux ainsi.

Je hurle intérieurement. Ma sœur raconte n'importe quoi et tout le monde semble la croire sur parole, parce qu'elle est debout et fière : ce n'est plus la petite fille de 12 ans, c'est une belle femme blonde qui vient de fêter ses 30 ans, qui paraît tellement saine et à l'aise dans sa vie !

Ninie revient s'asseoir à côté de moi, j'entends notre ténor lui glisser :

— C'est très bien, ce que vous avez dit, c'était clair, précis et direct !

C'est très bien ? Mais c'est totalement faux ! C'est très bien pour qui ? Pour Denis et Laurence qui vont s'en sortir, mais pas pour nous, les enfants, ni pour Quentin. Il ne pourra pas se construire dans le mensonge. Il sait qui est son père, certes. Mais il ne sait pas que Denis est aussi le père de sa mère !

C'est mon tour. Lâcher la main de Ninie est une tristesse, m'approcher de la barre, un enfer, lever la main et dire « Je le jure » alors que je sais que je vais mentir devant une cour de justice, un calvaire. Je regarde ma sœur, qui croise ses doigts, puis le tribunal, j'inspire et je me lance. L'éponge que je suis est envahie de honte ! Le discours qu'on a préparé pour moi n'est pas la vérité de Betty, la petite fille abusée. C'est Betty revue et corrigée par Denis, c'est Betty qui doit s'excuser d'avoir fait cela à sa famille, d'avoir envoyé ses frères et sœurs, et son neveu, à l'Aide sociale à l'enfance, c'est Betty qui doit s'excuser de l'incarcération de ses parents… En fait, je dois demander pardon à tout le monde et expliquer que si j'ai fait du mal, c'est juste parce que j'étais une sœur jalouse pendant toute notre enfance. Que Virginie avait tout, et moi rien. Je dois dire que j'étais amoureuse de mon père… Que c'est moi qui l'ai sollicité pour recevoir autant d'attention que ma sœur…

Je dois aussi raconter que je couchais à droite et à gauche, avec n'importe qui, par pure provocation envers mes parents, alors que ce mensonge n'est là que pour éviter que ne soit évoqué le grand chapitre de mes IVG organisées par ma mère.

La grande question arrive et je sens comme un gouffre qui s'ouvre devant moi : soit je réponds le mensonge prévu, et je referme le couvercle du parjure sur moi, soit je dis la vérité, et tout explose !

— Dites-moi, madame Mannechez, à quel âge, tout cela a-t-il commencé du coup ?

Et c'est là que j'évoque de nouveau la tempête de 1999. Celle que tout le monde a encore en tête : à cause du bruit sur le moment et des dégâts observés le lendemain, nous avions l'impression d'être un pays bombardé. Je raconte que je me souviens de la cheminée du voisin qui était tombée sur la chambre rose de ma sœur, qui la veille, à cette même place, donnait le biberon à Coralie. Donc, à vingt-quatre heures près, j'aurais perdu mes deux sœurs. Je ne risque pas de l'oublier. Eh bien, c'est cette nuit-là que tout a commencé pour moi avec mon père. C'est cette nuit-là que j'ai demandé à mon père qu'il couche avec moi.

Les jurés feront le calcul eux-mêmes : en octobre 1999, j'ai 16 ans, pas 8 ou 10. Je suis parfaitement majeure sexuellement. On n'a plus affaire à un viol sur mineure de moins de 15 ans, mais au pire, à une agression sexuelle. Et encore, dans mon récit, c'est moi la demandeuse, donc pour peu qu'on considère que j'étais apte à exprimer un consentement librement…

Ce témoignage est une horreur pour moi. J'ai l'impression d'être affreusement dégoûtante, je suis un instrument qu'on salit.

Est-ce que l'avocat général va se lever et annoncer : « Attendez, il y a dans ce dossier des IVG dans des hôpitaux différents ? Tout porte à penser que le partenaire sexuel était le père car nous n'avons retrouvé aucun petit copain ? Comment aurait-elle pu en avoir un alors qu'elle ne sortait jamais ? » Sauf que l'avocat général ne se lève pas.

J'explique que nous étions trois femmes amoureuses d'un seul homme, et même si mes larmes coulent sur mon visage, personne n'en comprend leur sens. Me suis-je reconstruite ?

— Oui, bien sûr, j'ai construit ma vie, j'ai un travail, je me suis mariée, j'ai eu quatre beaux enfants, trois garçons et une fille, ma petite dernière n'a pas encore 2 ans. Je fais des sorties avec ma sœur et on s'éclate entre filles. Je vais parfois chez mon père avec mes enfants pour qu'ils aient une vraie relation avec leur grand-père.

— Et cela se passe bien ?

— Mes parents ont en quelque sorte compris leur erreur et tiré des leçons du passé. (*Comme s'ils avaient une conscience !*) Ma vie va. Le reste, c'est du passé, c'est dépassé !

Je vois des jurés tristes, atteints par mes larmes. Mais qui me croient, qui ne doutent pas un instant de la véracité de mon récit. Personne ne me bouscule, ne me pousse dans mes retranchements. Pourtant, je pense qu'il n'aurait pas fallu beaucoup pour que je craque et avoue que tout cela, ce sont des mensonges, que nos parents sont de grands pervers qu'il faut enfermer durablement, pour nous permettre à nous, les enfants, de ne plus vivre dans la peur et le mensonge, et tenter d'enfin se construire dans du vrai. Mais cela n'arrive pas.

J'ai été trop crédible à mon corps défendant. Nul n'a vu que mon corps n'exprimait pas la même chose que mes mots, que ma parole n'était pas libre, mais téléguidée. La petite fille a perdu, et la fausse adulte, mère et femme, a été crue. Les jurés se sont laissés persuader qu'il circule beaucoup d'amour dans cette famille. Dès lors, c'était donc compliqué pour eux de juger des faits anciens.

Place au délibéré. Il est 22 heures, on nous explique que cela risque d'être long. Ninie et moi, on ne se lâche pas et on pleure. À 3 heures du matin, la cloche retentit…

Mes parents vont-ils être menottés devant nous et repartir en prison ? Ou pas ? Un verdict clément serait une erreur fatale, même si cela « démonterait » Ninie pendant un temps. J'en suis persuadée, elle ne pourra réellement être elle et s'occuper de son fils que si son père est en prison.

Je sais que quel que soit le verdict, ce sera, dans tous les cas, très douloureux.

— Monsieur et madame Mannechez, levez-vous ! La cour vous a déclaré coupables des faits qui vous sont reprochés…

Mon cœur est prêt à bondir de joie, même si je ne dois rien manifester de tel devant Ninie.

— … La cour vous condamne à une peine de huit ans pour Monsieur et cinq ans pour Madame… Sans mandat de dépôt.

Condamnés, mais libres ! La crainte de mes parents de repartir en prison disparaît. Tout le monde est convaincu qu'il y aura un appel et en attendant, on ne les réincarcère pas. Tout le monde se serre dans les bras et se félicite. Un magistrat vient même serrer la main de mon père en lui souhaitant d'être heureux (!). Mon Dieu, mais comment ont-ils pu se tromper ainsi sur son compte ? J'espère que ce professionnel a appris le double drame qui est advenu trois ans plus tard. Il en est en partie responsable.

Ou qu'il lira ce livre pour connaître toute l'histoire.

Nos deux avocats sont ravis, c'est un bon résultat :

— Cela ne s'est jamais vu dans la justice française, une condamnation à huit ans de prison pour ces faits-là, sans mandat de dépôt à la barre.

Il va y avoir un appel et il va falloir faire encore mieux.

— Il ne faut en aucun cas que le second procès se déroule à Laon. Là-bas, c'est une femme qui est présidente et elle n'aime pas les violeurs d'enfants.

Ils continuent à être dans leur stratégie judiciaire, et non dans la vérité dont nous avons tous besoin. Même Denis.

Car il a gagné : il a réussi à manipuler même la société, à travers la justice qui lui a répondu que ce qu'ils ont fait, Laurence et lui, n'est pas si grave finalement. Il n'a pas été arrêté dans son délire de toute-puissance, on n'a pas cassé son autocentrisme, tant s'en faut. Désormais, il se sent le plus fort du monde.

Moi, je repars de mon côté, avec en bandoulière de l'amertume, de la peur et de la honte. Je me vomis. Comment la justice a-t-elle pu être à ce point aveugle ? Un an et demi plus tard, ce sera encore pire.

12

Un inceste consenti et heureux

En attendant, Virginie et moi, on se voit, mais comme entre nous il y a trop de mensonges et de faux, cela ne marche pas si bien. Nous sommes super copines pendant six mois, puis nous nous engueulons pendant les six mois suivants. J'essaie de lui faire ouvrir les yeux, mais elle refuse désespérément. Selon elle, c'est trop tard pour changer quoi que ce soit. Changer de vie, changer de compagnon. Elle est résignée à son sort, comme lobotomisée par son gourou.

Et mon père reprend contact avec moi sur Facebook pour me convaincre de les aider à payer les frais de justice.

Bien sûr, dans leur schéma, « Acquittator » est à moitié mon avocat, donc il serait bien que je participe à ses honoraires, beaucoup trop élevés pour moi. Je donnerai un petit peu. Mais c'est Virginie et Denis qui financent ce qui est en somme leur défense.

Or chez eux, l'argent ne rentre plus, le garage a connu des difficultés et il est à l'arrêt. Si mon père a très bien gagné sa vie pendant longtemps, il a rarement mis de côté. Il faut dire que ma mère se chargeait de tout dépenser. Et puis, depuis ma dénonciation, mon père a pris les meilleurs avocats avec une procédure qui dure depuis dix ans. Les résultats sont là, mais le coût aussi.

L'appel est audiencé en novembre 2012 et, comme le souhaitait l'avocat de Denis, il aura lieu à Amiens, et non à Laon. Première victoire. À Amiens, cet ancien bâtonnier connaît tout le monde, c'est son fief. Il est ravi, il peut donc commencer à construire une nouvelle stratégie.

Au premier procès, ils ont tenté une stratégie que l'on peut résumer ainsi : on a compris, on ne vit plus ensemble, Virginie est devenue lesbienne et Betty vit de son côté. Là, ils vont aller encore plus loin… en espérant que cela passe.

Mais d'abord, il faut convaincre « l'ogre des prétoires » de rester notre avocat, malgré nos moyens qui s'amenuisent. Donc avec Virginie, je vais le rencontrer à son cabinet lillois. Il est rassuré sur le fait que notre duo ne casse pas et que je vais continuer à tenir ma ligne. On lui explique que, selon son confrère amiénois, il serait bien qu'un troisième avocat rentre dans l'équipe de défense de Denis. D'abord inquiet, notre ténor se montre rassuré quand il entend le nom de l'élu. Il adore ce confrère au visage d'ancien enfant battu, avec ses cheveux gominés et sa voix de contrebasse. Sur l'affaire d'Outreau, il défendait la femme de l'huissier et Franck Lavier. On reforme l'équipe redoutablement efficace d'Outreau. Cette affaire avait été pour les trois avocats un formidable accélérateur de carrière. L'affaire Mannechez ne pourrait-elle pas avoir le même effet ?

En attendant, dans le bureau lillois, « l'Ogre des prétoires » demande quelle est la suite des événements, la nouvelle stratégie du renard argenté d'Amiens :

— Qu'est-ce que dit l'avocat de votre père ? Que compte-t-il faire ? Je vais l'appeler.

Au lieu de se préparer à croiser le fer avec ces deux excellents confrères, tout n'est qu'arrangement vu que c'est ce que semblent vouloir les parties civiles, Virginie, de manière flagrante, et même moi, du bout des lèvres.

C'est ainsi que pour rencontrer ce troisième avocat, à quelques jours de l'appel, je me déplace avec Ninie et mon père. L'avocat accepte le principe de binôme avec son confrère, et néanmoins ami, d'Amiens. Il s'intéresse particulièrement à moi et me pose beaucoup de questions car je suis le « maillon faible » : ne vais-je pas changer encore une fois de version ? Je dois le persuader qu'il peut avoir confiance en moi et en mon témoignage.

Le stratège en chef est l'avocat d'Amiens, les deux autres ne venant que renforcer son efficacité. Au premier procès, un risque a été pris : s'il y avait eu la moindre vérification, on se serait aperçu que Virginie ne vivait pas seule avec Quentin, et Denis de son côté.

Quant à parler d'homosexualité de la fille pour garantir l'absence de liens avec son père, cela est trop risqué. Le résultat a d'ailleurs été un peu mi-chèvre, mi-choux : huit ans. On doit pouvoir faire mieux. Changement de stratégie, donc : dorénavant, il faut assumer.

Virginie et Denis s'aiment depuis très longtemps. Le fait qu'ils soient père et fille est un hasard de la nature. Certes, ils ont une différence d'âge, mais ils auraient parfaitement pu se rencontrer dans un café, ou au ball-trap, ou à la chasse. Qui peut encore être choqué par la différence d'âge de nos jours ? Les Mannechez, c'est juste un couple très solide avec un enfant. Qui pourrait vouloir faire exploser ce couple magnifique où règne l'amour depuis plus de quatorze ans ? Certes, l'histoire a commencé de manière peu conventionnelle, mais cela fait tellement d'années… Virginie est une femme forte, qui s'assume, on ne peut pas dire que ce soit une faible femme sous l'emprise de son père.

Au secours ! Ce triumvirat d'avocats est, à nouveau, en train de transformer toute l'histoire. Ninie n'a jamais choisi Denis, il lui a été imposé. Elle n'a jamais pu exprimer librement un consentement. Et aujourd'hui, elle est enfermée dans ce couple, surtout depuis qu'il y a un enfant. Elle semble avoir choisi de défendre son couple jusqu'au bout, quitte à mentir, mais je suis sûre qu'au fond d'elle, elle sait.

Comme l'idée est de ne plus se cacher, mais au contraire d'afficher leur amour au grand jour, Denis et Ninie apparaîtront tous les jours main dans la main.

La presse a senti « l'affaire » et en se renseignant auprès du stratège en chef, les journalistes ont appris qu'il n'y aurait pas de huis clos car « ils n'ont rien à cacher ». Énorme changement par rapport au premier procès qui s'était déroulé en catimini.

Il y a donc au palais de justice, en ce jour de novembre 2012, une pluie de caméras et de micros, la presse écrite n'étant pas en reste. Sauf que c'est sans compter sur notre « Ogre des prétoires ». Ses relations avec la presse sont cyclothymiques, donc pour un rien, il va se fâcher et au tout début du procès, il demandera le huis clos.

Et il l'obtiendra. J'apprendrai, des années après, que les équipes de journalistes étaient parties le matin de Paris en annonçant à leur rédacteur en chef qu'elles tenaient l'affaire de l'année. L'après-midi même, tous sont rentrés bredouilles, à cause du huis clos et des rapports compliqués avec les avocats. Moi, à l'époque, je fuyais la presse, je vivais dans la honte, prête à imploser à tout moment. Et je n'ai jamais demandé à notre avocat ce changement de stratégie de dernière minute, c'est lui qui l'a décidé tout seul. Pourquoi ? N'est-il pas aussi sûr qu'à Outreau de sa réussite ?

Le procès s'ouvre, la cour d'assises d'appel d'Amiens est plus moderne que celle de Beauvais, mais ce qui va s'y jouer sera tout aussi faux et j'enrage intérieurement.

Laurence n'a pas changé, elle a toujours la même avocate. Elle est dorénavant exclue des fêtes familiales.

Notre mère n'a de liens qu'avec ses fils, les autres membres lui ayant tourné le dos, à la demande du patriarche. Une guerre des clans a commencé.

Denis entre, avec sa tête compassée d'homme faible et candide, entre ses deux avocats. Quant à Virginie et moi, nous disparaissons souvent derrière la corpulence du nôtre.

Les premiers témoins sont les mêmes, pas de changement. Jusqu'à ce que Virginie passe à la barre. Elle explique qu'elle est tombée amoureuse de son propre père.

— Cela peut paraître bizarre, mais c'est ainsi, on ne choisit pas quand l'amour nous tombe dessus.

Elle ajoute qu'elle a dû se faire à cette idée de ne pas être comprise de tout le monde alors qu'ensemble, ils ont une vie d'une extrême banalité.

— Nous ne l'ébruitons, mais nous ne nous en cachons pas non plus, nous vivons cette relation pleinement, c'est notre choix de vie. Pourquoi la société se permettrait-elle de juger notre amour ?

Elle enchaîne en racontant que son plus grand bonheur, c'est son fils, qu'il va bien, qu'il réussit bien à l'école, qu'il est parfaitement intégré. Même si personne ne sait à l'école.

L'avocat de Denis l'interroge, d'un air faussement surpris :

— Cette situation ne vous choque pas ? Pourquoi défendez-vous votre père ?

Ninie répond doucement :

— Parce que je l'aime !

— Que dites-vous ? Parlez plus fort, je suis sûr que les jurés ne vous ont pas entendue !

— PARCE QUE JE L'AIME !

— Vous l'aimez ! Bien, je n'ai pas d'autre question.

Et c'est ainsi que va se jouer tout ce procès à l'initiative des avocats de Denis : une histoire d'amour, peu banale, qui a démarré d'une manière peu conventionnelle, certes... Mais nous ne sommes pas là pour faire de la morale, mais du droit, n'est-ce pas ?

Laurence à la barre confirme que son ex-mari et sa fille ne se sont jamais quittés. Elle explique son statut de paria, en omettant de dire qu'elle est retournée d'elle-même dans le clan, qu'elle a participé au garage de Pont-Sainte-Maxence et que si elle en a été exclue, c'est parce qu'elle avait cédé à ses vieux démons en refaisant des chèques sans provision et des malversations. Et que c'est Virginie, la patronne, qui a dû se montrer sévère et ferme et l'exclure. Compliquant encore davantage leur relation mère-fille, et refermant un peu plus le cercle Mannechez.

Je suis appelée à mon tour. J'explique qu'avec ma sœur, aujourd'hui, nos rapports sont apaisés. Nous sommes fusionnelles, nos enfants se voient souvent et jouent ensemble. Bref, la belle vie ! Que j'ai un semblant d'existence, grâce à mon statut de mère de quatre enfants. Même si je suis une mère célibataire, car j'ai divorcé de leur père. En effet, nous n'avions pas assez pris le temps de nous connaître, nous nous sommes engagés trop vite, mais nous gardons de bonnes relations, tout comme avec mon ex-belle-famille, qui voit les enfants quand elle veut.

J'implore les jurés de ne pas casser nos liens. Ninie et moi, nous sommes dans l'émotion et, je le vois, cela fonctionne très bien.

Notre père, interrogé, se dégage de toute responsabilité.

— Moi j'ai eu le sentiment qu'elles étaient consentantes.

Il s'inscrit en faux contre la description, par les experts psychologues du dossier, d'un « système familial pathologique » construit en « vase clos » autour de lui. Il n'a pas vraiment « honte » d'aimer sa fille aînée et même « assume », bien qu'il ne dorme « pas sans comprimés ». Il insiste :

— S'il avait fallu que je me mette une balle dans la tête pour le bonheur de mes enfants, je l'aurais fait. Je fais de mon mieux pour les accompagner, eux et mes petits-enfants, et pour élever notre fils.

Alors on lui demande pourquoi avec Virginie et pas avec Betty, par exemple ?

— Virginie, je l'aime, Betty, je ne l'aime pas. C'est à cause d'elle, tout ça !

Vlan ! J'étais déjà démontée, mais là, je ne suis plus rien !

— Cela ne vous alerte pas que Betty demande de l'attention, votre attention, de cette façon-là ?

— Non. Elle a toujours été jalouse de sa sœur.

Le pire moment du procès vient de tomber, j'ai du mal à le digérer : non seulement mes parents ne m'aiment pas et osent le dire, mais en plus, je suis, à leurs yeux, une mauvaise personne, jalouse de « la Duchesse ». J'aurais besoin d'une pause, mais ce qui va arriver sera encore pire.

Un psychiatre, qui a expertisé Denis en détention, dresse de lui un portrait violent : puissant, très intelligent, pas de déficience, mais il a eu une enfance très difficile, c'est un névrosé…

Sous les questions de l'avocat de la défense, il explique que l'inceste est la pire des choses, qu'il n'y a pas d'inceste heureux. L'avocat le coupe en disant :

— J'entends ce que vous dites, sauf que ce n'est pas du tout ce que la cour et nous observons depuis le début de ce procès. Virginie n'est plus une petite fille, elle est une femme de 30 ans, chef d'entreprise. Et pour les avoir vus parfois ensemble, je peux vous dire que c'est davantage elle qui porte la culotte dans le couple. Eh bien, cette femme énergique, qui sait ce qu'elle veut et ne veut pas, nous dit qu'elle aime son père, que lui l'aime, que leur enfant est heureux et qu'eux sont heureux ainsi, alors êtes-vous sûr de votre théorie ?

L'expert est décontenancé :

— Mon expertise date maintenant d'il y a dix ans, nous ignorons ce qui se passe après. Aujourd'hui, vous m'informez qu'ils vivent toujours ensemble et sont heureux ainsi, je ne peux que le reconnaître. Alors ils sont peut-être le rare exemple d'inceste réussi !

— Qu'est-ce que vous dites ?

— IL Y A PEUT-ÊTRE DES INCESTES HEUREUX !

Cette phrase signe quasiment la fin de ce procès qui vient de créer une nouvelle figure juridique, un monstre psychologique, « l'inceste consenti et heureux ».

Les avocats de la défense ont paraît-il quasiment hésité à plaider après cela. Ils feront quand même chacun une courte plaidoirie au cours de laquelle ils se contenteront de rappeler tous les éléments qui les arrangent.

Le dernier avocat de Denis a commencé sa plaidoirie ainsi :

— Monsieur Mannechez, vous avez deux filles formidables qui viennent ici vanter leur amour…

Toute la justice s'est donc laissée emmener dans un autre procès. En fait, cela n'a jamais été le procès de nos parents, mais plutôt celui de notre rivalité de sœurs. C'est là-dessus que l'on a passé le plus de temps. Alors que c'est hors sujet : mon père n'a quasiment jamais parlé, les jurés ne l'ont pas vu dictatorial et violent. De lui, ils ont reçu l'image d'un pauvre type dépassé par « ses » femmes. Ils n'ont pas vu son regard terrifiant.

La presse nous décrit comme deux tigresses défendant le « pauvre homme ». Or si nous, les victimes, avons totalement pardonné et continuons à aimer le bourreau, la justice ne peut pas aller à notre encontre…

Le délibéré est court. La sonnette retentit. Il est 22 h 30.

— Accusés et victimes, levez-vous !

Quatre ans, dont deux avec sursis pour Laurence. Cinq ans, dont deux avec sursis pour Denis. Un résultat encore meilleur qu'en première instance pour eux. Mais qui ne s'occupe ni des enfants, ni de la justice. Les avocats exultent et saluent, devant les médias nombreux, « une décision pleine d'humanité ». Et notre avocat de préciser :

— C'est vrai que souvent on se sert de la douleur des victimes pour condamner lourdement les accusés. Mais ici, on a pris en considération leurs souhaits et si tel n'avait pas été le cas, cela aurait été une décision calamiteuse. Je pense que la cour d'assises a parfaitement mesuré tous les enjeux. Si une condamnation lourde avait été prononcée, ces jeunes femmes qui se sont reconstruites de façon magnifique auraient été totalement démolies.

Denis et Virginie sortent du tribunal bras dessus bras dessous, triomphants : ils ont fait plier la justice, l'ont empêchée de juger. Ce n'est pas une affaire d'inceste, sordide et ignoble, vu que celui-ci est consenti et heureux. C'est juste une histoire d'amour hors norme. C'est à la société de changer son regard.

Denis et Virginie, d'ordinaire si discrets, sont galvanisés par cette décision qui leur permet d'afficher leur amour au grand jour, cette « histoire d'amour qui dérange » une société sclérosée. Désormais, ils pourront opposer au tabou de l'inceste la sincérité de leurs sentiments réciproques. Ils acceptent l'interview d'une journaliste du *Nouvel Obs*, Doan Bui. Le rendez-vous a lieu dans un KFC de la zone industrielle de Compiègne. La journaliste se sent mal à l'aise devant ce couple trop fier de lui, qui n'hésite pas à raconter les détails les plus crus de cet inceste sordide, alors que des familles autour d'eux picorent des *chicken wings*. Virginie, grande blonde, solide en apparence, défend bec et ongles leur relation, répétant qu'elle est « amoureuse de Denis ». Lui, bonhomme et débonnaire, acquiesce. Ils expliquent à l'unisson que c'est la mère qui a « poussé » les filles dans le lit du père. Lui, « n'avait pas pu s'empêcher » de tomber amoureux de sa fille aînée. Virginie ressemblait tellement à sa mère au même âge (??), répète-t-il dans une sinistre redite de *Peau d'âne*… Bref, Denis Mannechez se vit comme « une victime ». Il veut raconter son histoire, celle d'un enfant malheureux. Il a d'ailleurs commencé à écrire ses souvenirs pour en faire un livre, me tendant même la perche, on ne sait jamais…

« Tu n'as pas eu d'enfance », ajoute Virginie, et il est surréel de l'entendre plaindre son père, elle, la gamine à l'enfance volée.

La journaliste est incapable de les suivre dans leur raisonnement quand ils commencent à faire un parallèle avec l'homosexualité, dépénalisée seulement en 1982. Est-ce que demain, l'inceste ne le sera pas aussi ? Cet amour si beau, si pur, comme dans la chanson provocante de Serge Gainsbourg !

Doan Bui les quitte mal à l'aise. Elle écrira quand même son article, mais en prenant de nombreuses précautions : c'est là leur système de défense et si, à Amiens, la justice a semblé ne pas les condamner, mais au contraire leur donner un blanc-seing pour le futur, elle a bien noté que la fille était alors encore complètement sous emprise. La lecture de l'article provoquera la colère du faux couple, surtout celle de Virginie. Conséquence : Denis et Virginie ne s'exprimeront plus jamais dans les médias ni en public pour dépénaliser l'inceste.

Tout cela, c'est la journaliste qui me le racontera deux ans plus tard, quand je ferai sa connaissance.

En attendant, je suis sortie du procès d'Amiens dégoûtée, dégoûtée de moi en étant parjure, dégoûtée de la stratégie de Denis et des avocats, dégoûtée de la justice qui s'est totalement laissé manipuler, qui s'est fourvoyée. Cet homme nous a abusées pendant dix ans, en commençant à un âge où nous n'étions même pas formées. Notre mère a participé à nos abus, elle en a validé et organisé le calendrier. Je ne sais pas exactement comment cela se passait pour Virginie, et elle prétend que c'était davantage dans la douceur et l'amour. Pour moi en tout cas, cela n'a été que violence et haine. Et à côté de cela, notre père a détruit notre enfance à coups de punitions extrêmes et de surveillance délirante sur nos esprits d'enfant... Et cet homme, il écope de la même peine qu'un petit voleur. Mais comment voulez-vous qu'il s'arrête et comprenne ses erreurs ? Au contraire, le voilà devenu plus fort encore. Intouchable !

Comment peut-on parler d'inceste consenti et heureux ? Ces termes sont antinomiques. Je ne peux pas accepter l'association de ces deux mots. L'inceste, c'est de la souffrance à vie, ce sont des enfants détruits à l'intérieur qui auront un mal de chien à essayer de se construire et qui n'y parviendront jamais totalement, parce que les premières personnes qui devaient leur apprendre l'amour et la confiance les ont salement abusés.

Aujourd'hui, il existe beaucoup d'associations pour exprimer la voix de l'enfant, c'est très bien, mais comme j'aurais aimé qu'elles soient présentes à notre procès.

Dans ces deux procès, il n'y a pas eu d'adulte pour parler au nom des enfants. Cet adulte qui aurait tapé du poing sur la table quand la défense allait trop loin, en rappelant la place ce chacun. L'enfant n'a pas le pouvoir sur son parent. L'enfant ne peut pas consentir face à son parent. Non, l'histoire entre Denis et Virginie n'est pas juste celle d'un couple avec vingt ans d'écart.

Après le verdict, je me suis levée, j'ai pris mon téléphone et, pendant que tout le monde se tombait dans les bras, je les ai prévenus :

Ça y est, le procès est fini. Vous n'aurez plus de nouvelles, ni de moi, ni de mes enfants !

Denis m'a répondu :

Toi, de toute façon, tu n'as toujours pensé qu'à toi. *(Je m'étrangle !)* **On va pas t'appeler tous les jours.**

Virginie essaie de composer et elle me rappelle le lendemain :

— Samedi soir, on fait la fête de la victoire à Plainville, dans notre nouvelle maison, viens, cela me ferait plaisir ! Y aura tout le monde.

Pour ma sœur, j'accepte à contrecœur et promets de passer à la fin de mon service (je suis alors serveuse). J'arrive à 23 h 30.

Ça chante, ça danse, tout le monde est maquillé, on se moque de la justice, des magistrats et des gendarmes, on les a bien eux. Personne ne me dit bonjour ni ne me parle, on me laisse dans un coin, je suis inexistante. Je m'en doutais, j'en ai la confirmation, j'ai fait le « job », ils n'ont plus besoin de moi alors « exit Betty » ! De toute façon, on ne m'a jamais aimée !

Je prends mes affaires et je pars. Cela ne sert à rien de courir après des miettes d'amour de ma famille. Je passe la porte, regarde le ciel, et comme je l'avais fait à Cuise-la-Motte avant ma dénonciation, je me dis : *Plus jamais de ma vie, vous me reverrez !*

13

Sans les Mannechez (2012-2014)

Une semaine plus tard, Virginie et Denis sont en vacances au ski. Moi, je me sens sale, eux sont immaculés, comme la neige. Ils publient des photos sur les réseaux. Ninie s'est teinte en brune pour se vieillir. Mais ce n'est plus mon problème. Je « blackliste » ma famille sur les réseaux sociaux. J'ai compris que je ne pourrai jamais avoir de place dans leurs cœurs.

J'ai fini par comprendre que Ninie est trop lobotomisée pour sortir de sa gangue de fausses certitudes. Jamais elle n'a vécu sans notre père. Son emprise remonte à sa naissance, elle n'en sortira jamais. Certes, je songe à Quentin : dès qu'il va commencer à poser des questions d'adolescent sur son arbre généalogique… Mais ce n'est plus mon problème ! Je ne peux pas la/les sauver contre son/leur gré, je ne peux pas prendre pour tout le monde, je dois penser à moi et aux miens.

Et effectivement de 2012 à 2014, ce sont les deux années les plus heureuses de ma vie.

J'ai une maison, pas très grande ; une voiture, très vieille, mais à moi. Et je n'ai pas de dettes. Je travaille dans le monde de la restauration, mes patrons et les clients m'adorent parce que je me donne beaucoup de mal pour ce ne soit pas juste un repas, mais un moment de partage. On m'appelle par mon prénom, je ne suis plus « la Grosse » ou « Alfred ». Pour la première fois de ma vie, je passe mon temps à sourire et je reçois autant de sourires en retour. Je me sens peu à peu exister. Je me sens devenir quelqu'un d'autre. Peut-être la véritable Betty est-elle cette jeune femme qui donne du bonheur aux autres. Qui s'assume et est fière de ce qu'elle fait !

Il me suffisait donc de m'éloigner de mes racines… pour que la vie devienne un cadeau ?

À la maison, j'ai ma tribu, mes quatre enfants sont formidables. Ils possèdent sans doute moins que certains copains, mais ils savent pourquoi. Pour autant, ils sont joyeux, gais, brouillons, en un mot : vivants. Je les laisse évoluer vers leurs personnalités propres, contrairement à ce que j'ai connu. C'est tellement beau, un enfant dont la personnalité s'ouvre. Jamais je ne cherche à diriger leurs pensées, je ne leur interdis bien évidemment pas le rêve ou le vagabondage de l'esprit, au contraire. À travers leur enfance, je répare un peu mes failles, mais chaque jour, je mesure aussi la différence entre moi et mes parents.

C'est tellement bon, la complicité avec ses enfants. Comment mes parents arrivaient-ils à être heureux en nous rendant aussi malheureux ?

Mes enfants sont au courant de ce que j'ai vécu. Dès qu'ils ont été en âge de le comprendre, je le leur ai expliqué à chacun. De toute façon, ils posaient des questions : pourquoi, alors que je suis issue d'une grande famille, mes enfants ne voient-ils jamais personne ? J'ai tout de suite mis en place un suivi psychologique pour eux, en fonction de leurs besoins ou de leurs demandes, et prévenu à chaque fois l'école. Je savais que je ne pouvais pas m'en sortir seule : il y a des questions auxquelles je ne saurai pas répondre, donc il fallait un encadrement. Je n'ai pas honte d'avouer que je me fais aider. Vu mon enfance, il serait étrange que je sois la meilleure des mères, mais au moins je sais les écouter et leur laisser le droit d'être des enfants. Donc ils vont globalement bien. Ce qui me fait un bien inouï. Je me sens plus libre et c'est une sensation nouvelle et délicieuse.

Sinon, je donne aussi des cours de danse country à des enfants de la commune. Ce goût pour la musique et la danse est une des rares choses que j'aie prise sans difficulté dans l'héritage paternel. Accompagner et aider des enfants au départ tout timides et les voir progressivement oser, s'ouvrir, se lâcher, décomplexés… J'ai un cœur couvert de plaies et de blessures, ce qui me rend hyper-émotive et me donne une faculté innée pour comprendre les montagnes russes dans lesquelles les ados se trouvent en permanence. C'est tellement formidable de voir que moi, je peux avoir un effet d'assurance pour un adolescent. À chaque fois, cela me bouleverse. Je ne comprends pas comment mes parents ont pu se priver de tous ces bonheurs.

Pendant ces deux années, je me sens vivre, heureuse. Je n'ai plus peur du danger. Je ne vois plus les membres de ma famille, mais ils ne me manquent pas. Parfois, j'hésite à envoyer un message à Ninie pour son anniversaire, puis je me ravise, sachant que cela ne sert à rien.

Ce n'est que longtemps après que j'apprendrai qu'alors que je m'élevais, de plus en plus libre, ma sœur s'enfermait de plus en plus avec Denis.

Ils savent que leur couple pose problème pour les autres, ce n'est pas juste une question de différence d'âge. Sur toutes les photos que j'ai récupérées de cette période, ma sœur change en permanence de couleur de cheveux et de coiffure. J'ai du mal à la reconnaître. Et elle gonfle à vue d'œil. Comme si elle ne cherchait plus à être séduisante pour Denis, comme si « la Duchesse » toujours impeccable avait disparu. Mais ce que je remarquerai, hélas après coup, c'est la perte de vie dans son regard. Ma sœur progressivement semble se dévitaliser, elle n'est pas heureuse et cela se voit.

Je pense que tant qu'il y a eu l'échéance des assises, elle était tenue par un combat, une mission : défendre son père, son compagnon, le père de son enfant. Sauf qu'une fois qu'ils ont gagné, elle a perdu !

Après, elle s'est retrouvée presque toute seule avec lui. Or, au quotidien, Denis est un tyran invivable.

Même pour quelqu'un qui le connaît par cœur et anticipe au maximum ses colères. Ils n'ont presque pas d'amis, ils voient un peu nos frères au ball-trap ou à la chasse, mais c'est tout.

Dans le même temps, leur train de vie a considérablement fondu par rapport à l'époque de Cuise-la-Motte. Les dix ans de procédure avec plusieurs avocats n'ont pas aidé. Ils ne partent jamais en vacances ou en week-end. Le garage de Pont-Sainte-Maxence a déposé le bilan. Denis est devenu responsable commercial dans un garage d'une grande marque à Gisors. Et Ninie travaille dans l'autre garage de la ville, un garage familial tenu par Frédéric P., un jeune patron très social. Elle et Denis partent ensemble et rentrent ensemble s'enfermer chez eux, à Plainville.

Pour la première fois, elle n'est plus vingt-quatre heures sur vingt-quatre avec Denis. Donc elle découvre la normalité, la vie des autres. Pendant toute la journée, elle est avec ses collègues, essentiellement des hommes. Elle reste très discrète sur sa vie privée, alors que ses collègues se répandent. Et tous les vendredis soir, ils sont pressés de partir en week-end, pas elle. Pour Ninie, les week-ends, c'est l'enfer. Elle serait prête à faire toutes les heures supplémentaires possibles pour retarder au maximum le moment de se retrouver face à Denis.

Malgré tout, elle ne peut pas tout retenir, elle est parfois obligée de se confier un peu, alors elle raconte que son compagnon est très autoritaire, que c'est un ami de son père à elle, d'où le fait qu'il est beaucoup plus âgé qu'elle, que tous les deux s'appellent Denis, et que son père prend toujours le parti de son ami contre sa fille.

Tel collègue lui fait la remarque que c'est bizarre : elle ne se maquille jamais, porte très peu de bijoux… Ninie explique que son compagnon est ultra-jaloux et possessif, que rien que la savoir entourée de collègues masculins entraîne déjà des suspicions insupportables et qu'elle en a marre d'avoir à se justifier.

De pauses cigarettes en confidences, c'est la première fois que ma sœur, timide et réservée, discute d'égal à égale avec des collègues. Cela ne lui était jamais arrivé. Et voilà que ses collègues finissent par lui dire que son compagnon est un « con ». Ninie ne nie pas, mais elle explique que c'est compliqué, qu'il y a un enfant. Là, l'un d'entre eux lui dit qu'au contraire, c'est très simple :

— Si tu n'es pas bien, ni heureuse, il faut que tu partes. Dans tous les cas, c'est toi qui auras l'enfant, des aides en plus de ton taf, et tu pourras refaire ta vie.

— Certes, admet Virginie, mais ce n'est pas si facile, il ne le supportera pas et il nous fera une vie impossible…

— C'est déjà le cas aujourd'hui, non ? Et il se fatiguera à la longue. Et tu sais, il y a des aides pour les femmes battues, des foyers anonymes…

— Oui, mais…

— Virginie, si tu restes, c'est que quelque part, tu y trouves ton compte, alors décide. Tu es responsable de ton bonheur et de celui de ton enfant. Faut pas juste te plaindre si ça ne va vraiment pas !

Le genre de petite phrase qui vous retourne tout un univers. Ces réflexions vont se frayer un chemin dans l'esprit de Virginie, plus que tout ce que moi, j'ai pu lui dire depuis 2001. Peut-être que c'est plus simple quand cela vient d'un collègue. Virginie sait qu'elle n'est pas heureuse, que Quentin ne l'est pas non plus. Son fils ne comprend pas pourquoi il a un père aussi dur, aussi exigeant, autoritaire, intransigeant sur tout. Et que Denis ne changera jamais. Donc, si elle veut que cela change pour Quentin et pour elle…

Un autre élément vient renforcer cette conviction. Je l'apprendrai de notre sœur, notre petite Coralie. Depuis qu'elle a 4 ans, elle est placée, rebondissant de famille d'accueil en foyer. Elle n'a que très peu de souvenirs de l'enfer Mannechez. Et un jour d'août 2014, alors qu'elle a maintenant 17 ans, elle me laisse un message dans lequel elle me demande si je peux l'héberger car elle était chez Virginie en visite, et que « ça a fritté avec le paternel ».

Première réaction de ma part : cela doit être une manipulation de Denis pour me remettre dans le moule que j'ai eu tant de mal à fuir. Donc hors de question, je ne réponds même pas. De toute façon, Coralie dépend toujours de l'Aide sociale à l'enfance, donc elle n'est pas à la rue.

Mais dans un deuxième temps, cela me fait réfléchir : je sais que Ninie a tout fait pour la récupérer ou au moins obtenir des droits de visite et d'hébergement les plus larges possibles. Est-ce dans ce cadre-là qu'il s'est passé quelque chose ? Mais quoi ? Pourquoi Coralie veut-elle partir de Plainville en urgence ? Je débloque le profil Facebook de Coralie. Et effectivement, je les vois sur plein de photos ensemble.

Je lance une conversation avec Coralie et elle m'apprend qu'elle vit depuis quelque temps à Plainville après une ultime fugue d'un foyer. Elle occupe dans la deuxième partie de la maison, une des deux dépendances, où elle reçoit son copain.

Je sens le problème venir gros comme une maison. Son mec est noir et elle, belle et rebelle, en est follement amoureuse. Rien de tout cela n'est acceptable pour Denis : ni sa couleur de peau, ni la passion amoureuse, ni les coucheries sous son toit ! Donc il fulmine, agresse, invective. Mais cette fois, au lieu de plier, Virginie prend le parti de sa petite sœur, qu'elle considère presque comme sa fille.

— Laisse Coralie tranquille, s'interpose Virginie.

Elle fait tout pour lui permettre de vivre comme bon lui semble, avec qui elle veut, ce qui est doublement insupportable pour notre père : personne n'a le droit de lui résister ni de penser autrement que lui, et les coalitions sont à bannir.

Je pense que cette rébellion de Virginie s'explique facilement. Elle peut tout accepter la concernant, mais il ne faut pas toucher à un cheveu de Coralie. Et puis, peut-être prend-elle conscience inconsciemment que c'est l'adolescence que nous avons vécue qui n'est pas normale, pas celle de Coralie. Avoir un copain, c'est de son âge. Et elle peut bien choisir qui elle veut. Cela met en lumière de façon criante que Ninie n'a pas « choisi » Denis. Il a beau soutenir de toutes les manières possibles que l'amour de Coralie et de son copain est impur du fait de la couleur de peau de ce dernier, alors que l'amour qui les lie eux, Denis et Virginie, est pur, Ninie n'y croit plus !

Toutes les théories avancées au procès d'Amiens sur « l'inceste consenti et heureux » volent alors en éclats. Virginie ne vit pas la vie qu'elle a choisie, Coralie, si.

Pour sa petite sœur, Ninie est capable de se transformer en mère louve, elle est prête à affronter Denis jusqu'au bout. Car Coralie et Quentin sont les deux jambes de Virginie, les personnes auxquelles elle est la plus attachée. Or, en prenant ainsi la défense de sa petite sœur, Virginie s'est pris une baffe du paternel qui l'a fait reculer de trois mètres, comme me le raconte Coralie. La baffe de trop ?

De l'autre côté, Quentin n'est plus un enfant, il a dorénavant 12 ans, c'est un joli adolescent tout blond aux yeux bleus et il entend les disputes, il comprend les enjeux et les places de chacun. Donc le soir, au moment du bisou avant le coucher, la question tant redoutée et repoussée tombe :

— Dis, maman, explique-moi : comment papa peut-il aussi être le papa de tatie, ta sœur ?

En effet, contrairement à ce qui a été affirmé aux procès, Quentin savait juste que Denis était son père. Il ne savait pas qu'il était aussi le père de sa mère, donc son grand-père. Cette fois, Virginie ne peut plus lui mentir ni remettre à plus tard. Elle ne veut pas d'une relation faussée avec son fils. C'est donc en larmes qu'elle confirme les nœuds dans son arbre généalogique.

La situation devient critique. D'autant plus qu'en face, Denis sent qu'il perd le contrôle face à cette femme qui se pose désormais en défense des plus jeunes, notamment la petite dernière sur laquelle il n'a aucune prise et qui ne cesse de le provoquer. Alors, il réagit comme il l'a toujours fait : il augmente le niveau d'agressivité et de violence.

Mais cette fois, cela ne va pas donner le résultat qu'il espère. Bien au contraire…

14

La fuite de Virginie

Nous sommes le 25 septembre 2014, je suis à Creil où je travaille en tant que seconde de cuisine. Mon chef vient me voir :

— Betty, il y a eu un appel pour toi, apparemment, ce serait ton père !

La peur, comme à chaque fois qu'il réapparaît, me glace.

— Tu dois le rappeler. Fais-le avant le service, il ne paraissait pas bien.

Après deux ans sans le moindre message, il m'a retrouvée, il est dans les parages ! Comment sait-il où je travaille ? Qu'est-ce que cela cache ? Que me veut-il ? Ma tension explose, mon cerveau est en ébullition, je ne parviens pas à me calmer et réfléchir. Des sueurs froides coulent dans mon dos. J'ai alors complètement oublié les problèmes de Coralie à Plainville. Je compose son numéro en tremblant. Il décroche, je m'attends à une engueulade mais non, il pleure à chaudes larmes et m'annonce :

— Betty, Virginie est partie depuis plus de deux semaines. Je suis sans nouvelles, elle m'a laissé comme un chien. Viens me voir chez tata tout de suite !

Je laisse tomber le téléphone et suis si troublée que je crains de ne pas réussir à assurer correctement mon service. Mais tout le monde m'épaule et cela passe. Bizarrement, je ne pense pas à Virginie. Sans doute que je n'arrive pas à croire à sa fuite. En fait, je pense à moi, et j'imagine qu'il va me tuer. C'est peut-être irrationnel, mais cette peur ne m'a jamais quittée depuis l'enfance. S'il sait où je travaille, il doit savoir où je vis ! Mon Dieu, mes enfants ! Nous ne sommes plus en sécurité.

Mais je n'ai pas le choix. Il faut que j'aille le voir chez Nicole, sinon, qui sait de quoi il est capable ? Je monte dans ma Clio blanche. Durant tout le trajet, j'essaie de me contrôler, de faire redescendre mon angoisse. Il faut que je me raisonne : *Tu as mûri, ne le laisse pas t'avoir encore aussi facilement*. Je m'arrête et je lui écris un texto :

Je vais venir, mais cette fois-ci, c'est toi qui vas m'écouter. Je ne porterai plus ta souffrance sur mes épaules, c'est fini, il va falloir te débrouiller tout seul !

Je reprends la route. Était-ce une manière de me rassurer ou pour lui donner un avant-goût de ce que je suis devenue depuis ? Je ne sais pas… Tout en conduisant, je jette des coups d'œil inquiets vers mon téléphone redoutant de voir danser les trois petits points clignotants indiquant qu'il serait en train de me répondre. Il ne le fera pas.

J'arrive chez ma tante. Denis est effondré et m'annonce que Virginie l'a quitté le 8 septembre, qu'il ne voit plus Quentin et ne sait même pas où il est, ni même s'il va à l'école. Je lui demande :

— Que s'est-il passé ?

Il ne me répond pas directement, précisant qu'il ne parvient pas à savoir où ils sont. J'enchaîne :

— Ninie a fait un choix. Elle doit construire sa vie. Moi, j'ai fait la mienne. Et après tout ce que j'ai fait pour vous, sans aucun retour de votre part, je vous ai rayé de ma vie, vous êtes morts pour moi ! Tu dois te débrouiller, ne pas les chercher, tu dois vivre ta vie de ton côté et être fort !

Je repars avec des sentiments très mitigés. Certes, c'est la première fois que j'ose lui parler ainsi en face, mais il me renvoie tellement sa souffrance d'homme abandonné, comme l'enfant qu'il a été, que j'ai du mal à savourer cette victoire. J'oscille donc entre la tristesse et la peur. Mais c'est la peur qui prend les commandes quand je vois dans mon rétroviseur qu'il est monté dans sa voiture et qu'il me suit. Que faire ? Si je vais jusque chez moi, il va peut-être faire un carnage de mes enfants et moi avant de se suicider. Mais si je m'arrête pour lui interdire de me suivre, ne va-t-il s'en prendre à moi ? Je ne quitte pas mon rétroviseur. Je l'observe : il sort en permanence des mouchoirs, nos regards se croisent parfois. Véritable chagrin ou manipulation encore une fois ? Puis à un feu, je le vois tourner alors que j'avance tout droit. Je rentre chez moi, en utilisant plusieurs détours et en vérifiant toutes les voitures que je croise. Arrivée à destination, je m'enferme et préviens ma voisine pour qu'elle surveille de temps en temps ma maison et me prévienne si elle voit une C5 inconnue garée devant chez moi. Nous mettons même en place un code : quand je suis là, si je baisse les volets en pleine journée, c'est que je suis en danger. Je la préviens de tous mes déplacements, et au moindre retard, elle a pour consigne d'appeler directement la police.

Le lendemain, je retourne à mon travail à Creil. Quand j'arrive, mon père est sur le parking en train de m'attendre. Il veut savoir si j'ai des nouvelles. Je lui réponds que non, que cela fait deux ans que j'ai tourné la page, que je n'ai plus rien à faire avec les Mannechez. Je mets tout cela en avant pour qu'il comprenne que ses problèmes ne me concernent plus… Il clôt la discussion avec un OK non convaincu. Mais enfin, il part. Le jour même, je démissionne de mon poste. Cet endroit est devenu trop dangereux pour moi.

L'après-midi même, je fais un essai dans un restaurant, moins intéressant, mais plus proche de mon domicile. À peine mon contrat signé, quand je retourne à mon véhicule, Denis m'appelle :

— Où es-tu ? Tu n'es pas à ton travail ?

Je brouille les pistes en expliquant que je me suis disputée avec mon ancien patron et que je cherche un nouveau poste. Et que non, je n'ai toujours aucune nouvelle de Virginie ni de Quentin. Et que je ne cherche pas à en avoir.

Le week-end, j'emmène mes enfants chez leur père et me réfugie chez mon copain, que mon père ne connaît pas. Pour souffler. Quand mon père m'appelle, je ne décroche plus, je ne veux pas rentrer dans son jeu. Alors il m'envoie des textos dans la foulée :

J'aurais dû te choisir.

Je ne réponds pas ! Ses messages d'amour envers moi, sa volonté qu'on devienne plus proches, qu'il fasse connaissance avec mes enfants sonnent comme une ultime manipulation dans laquelle je ne veux pas plonger.

Puis :

Je suis à Bordeaux car Virginie est peut-être chez notre ancienne voisine.

Mon Dieu, il est partout ! Il doit avoir des armes dans sa voiture. Nos têtes sont mises à prix !

Donne-moi le nom du petit copain de Virginie qui était venu à Cuise-la-Motte.

Hors de question qu'il s'en prenne à l'ex de ma sœur qui a dû refaire sa vie depuis.

Vraiment, Ninie ne t'a rien dit ?

Là, je réponds :

J'ai tellement fait pour vous, sans rien en retour. Vous n'existez plus pour moi. Ninie est morte.

Je suis délibérément violente concernant ma sœur, pour mettre fin à ses tentatives. Ce n'est absolument pas ce que je pense, mais je n'ai pas le choix.

C'est, paradoxalement, le seul moyen de la protéger. De la même façon quand elle s'est enfuie, elle ne m'a pas prévenue et ne m'a jamais contactée depuis pour, elle aussi, éviter de me mettre en danger face à ce père qu'elle sait capable du pire. Sa vie n'a pas d'importance à ses yeux, mais il ne partira pas tout seul, j'en suis convaincue. Ceux ou celles qu'il considère comme responsables de son malheur risquent de le précéder dans le Grand Voyage.

Quand je pars de chez mon compagnon, je prends des couteaux de cuisine, il trouve ma réaction disproportionnée. Une semaine plus tard, il comprendra. En attendant, je lui fais jurer, s'il m'arrivait quelque chose, de ne jamais laisser mes enfants à leur grand-père, même pas une minute. Il promet.

Je sors en regardant partout autour de moi. Je me penche sous ma voiture pour vérifier qu'il n'y a pas de bombe artisanale, je le crois capable de tout. En quelques jours, je suis redevenue la Betty traquée de mon adolescence, la fille sous totale emprise psychologique, mais je jure cette fois de défendre chèrement ma peau et celle de mes proches.

Au travail, je demande des horaires continus, je ne veux plus de pause à l'extérieur, il pourrait être là à m'attendre. À côté, ou au loin, avec des jumelles. Plusieurs fois par jour, nous avons des échanges succincts :

Pas de nouvelles ?

Non !

Mes enfants restent chez leur père et vont directement à l'école. Et de mon côté, je suis une bête traquée qui fume paquet de cigarettes sur paquet de cigarettes. La seule lueur pour moi durant cette période, c'est que s'il n'a toujours pas retrouvé Virginie et Quentin, cela veut dire qu'ils doivent être en sécurité quelque part. Et c'est tout ce que je leur souhaite.

Effectivement, pendant un temps, Virginie a pu se croire en sécurité. Durant l'été précédent, entre les discussions avec ses collègues, sa petite sœur et son fils, les questions n'ont cessé de s'entrechoquer dans sa tête. Elle ne peut plus se voiler la face : elle n'a jamais choisi son père. Alors, un jour où Denis est au travail, et pendant lequel elle doit rester avec son fils à la maison, car ce sont les vacances, elle se rend en voiture, suffisamment loin de Plainville, à Beauvais, et pousse la porte d'une association. Elle est reçue par une jeune juriste, Clémence, pleine de ferveur et de fougue pour ce qui relève d'une mission d'intérêt public : la défense des femmes battues !

Virginie ne prend pas tout de suite la parole. Elle glisse devant elle la décision de la cour d'appel d'Amiens de 2012. Clémence lit rapidement, en diagonale, et ne voit pas ce qu'elle peut faire. Elle commence à expliquer le cadre juridique dans lequel elle intervient, sauf que Virginie la coupe :

— En fait, je vis toujours avec ! Il est mon père, le père de mon fils et mon conjoint. Sauf que ce n'est plus possible. Il nous mène une vie insupportable. Il est violent psychologiquement envers nous. Je veux quitter le domicile conjugal avec mon fils.

La juriste commence à expliquer les actions qu'elle pourrait intenter contre son père en fonction de ses actes. Virginie, encore une fois, la coupe :

— Je ne veux pas le mettre en cause. Il n'est pas question de lancer une procédure quelconque contre Denis Mannechez. Je veux juste partir de la meilleure façon possible et qu'il nous laisse tranquilles.

Clémence comprend. Après l'avoir déculpabilisée, elle explique alors à Virginie les différentes possibilités. Et chaque fois, Virginie corrige en fonction de sa situation particulière.

— On va préparer votre départ, lui promet Clémence.

Le plan de bataille va durer un mois et demi avec un départ effectif prévu début septembre 2014. Pendant l'été, Denis Mannechez sera présent, donc il sera impossible pour Virginie de passer à l'association, elle n'a aucun droit de sortie quand il est là. Impossible également de préparer les valises sous son nez.

D'où cette décision d'organiser le départ quand Denis retournera au travail et que Virginie prendra quelques congés pour la rentrée de Quentin.

Point capital : les échanges téléphoniques ? Impossible, Virginie est convaincue d'être sous surveillance. Donc il est décidé que c'est toujours elle qui appellera. Clémence ne la contactera qu'en cas de force majeure et toujours en numéro masqué. Si Ninie peut décrocher et qu'elle est libre, elle parle normalement. Sinon, elle invoque les difficultés d'éducation de son fils. Si c'est Denis qui décroche, la juriste se fera passer pour la maman d'un copain de classe. Elle ne laissera jamais de message, Virginie craignant plus que tout que Denis repère la manœuvre en cours de route.

Il n'a heureusement rien vu.

Plus on se rapproche de la rentrée et de la date du départ, plus Virginie se montre l'épouse parfaite. Il faut endormir la méfiance du patriarche autoritaire. C'est ainsi que, lundi 8 septembre 2014, elle lui prépare son petit déjeuner comme tous les jours, l'aide à passer sa veste, vérifie sa cravate et l'embrasse. Elle ne supporte plus de le faire, mais cette fois, c'est la dernière. Elle le regarde faire sa manœuvre et partir en direction de son travail.

Ca y est ! Elle fonce réveiller Quentin. L'adolescent est dans la confidence et ne se fait pas prier pour quitter son bourreau. Les valises cachées sont prêtes. Pendant que Quentin se lave, Virginie écrit une lettre de rupture à Denis.

Il n'y a que quelques lignes, sans rancœur ni rancune, dans lesquelles elle lui explique que c'est fini, que cela ne sert à rien de s'acharner ou d'essayer de la convaincre, sa décision est mûrement réfléchie, elle lui conseille de refaire sa vie et d'être heureux.

Elle lui laisse aussi, dans le micro-ondes son repas du soir, le dernier acte de la parfaite épouse.

Quentin est déjà dans la voiture, elle met les valises avec le strict minimum dans le coffre. Ah elle a oublié, elle revient vers la poubelle extérieure, elle ouvre son téléphone portable, détruit la puce et jette tous les éléments. Ainsi, il ne pourra pas la géolocaliser, ni la supplier.

Enfin, c'est le départ vers Beauvais. À partir de maintenant, elle n'est plus joignable que sur le nouveau téléphone à carte prépayée qu'elle s'est acheté en cachette.

À l'association, cet après-midi-là, la juriste attend encore quelques réponses de partenaires bailleurs pour l'hébergement d'urgence de la mère et de son fils. Elle est fébrile, espère que la jeune femme n'a pas changé d'avis quand, enfin, Virginie et Quentin passent la porte de son bureau. Une heure plus tard, Clémence obtient le feu vert pour une grande chambre d'hôtel dans la banlieue de Beauvais. Ces moments se passent dans une telle intensité qu'il y a en fait très peu de mots échangés. La juriste accompagne ma sœur et son fils, l'hôtelier leur donne la clé, ils rentrent dans la chambre. Et Quentin saute dans les bras de Clémence :

— Merci madame !

— Je n'ai fait que mon travail.

Pourtant, encore aujourd'hui, cette femme se souvient avec émotion que c'est pour ce genre de moments qu'elle se donne un tel mal au quotidien. Virginie remercie aussi, mais elle est plongée dans l'ivresse de la liberté :

— Je ne sais pas comment on fait ? Je ne sais pas où je vais ? Je ne sais pas comment cela se passe ? Par où on commence ?

Clémence la rassure :

— Ce n'est pas grave, je vais vous accompagner !

L'école et l'académie avaient bien sûr été prévenues en cachette par Virginie. Quentin sera scolarisé, mais il commencera sûrement avec une quinzaine de jours en retard et surtout pas dans son ancienne école. Il ne faut évidemment rien dire à Denis Mannechez. La jeune mère fait valoir le fait qu'elle est le seul parent officiel de Quentin et que Denis n'a par conséquent aucun droit sur lui. Elle a bien fait : ce sera une des premières pistes suivies par Denis Mannechez.

En effet, ce soir-là, quand il comprend, il se met dans une rage folle. Très vite, il envoie une foule de SMS à Virginie, tantôt larmoyants (le père qui veut avoir des nouvelles de son fils), tantôt agressifs (*Virginie, tu as intérêt à... sinon je vais m'énerver sérieusement*). Sauf que tous ces messages tombent dans le vide…

Après, il regarde dans son ordinateur. C'est un spécialiste, il sait parfaitement « hacker » les comptes et réseaux sociaux de sa fille. Sauf que Virginie en a disparu depuis la veille du 8 septembre. Les dernières traces sont, en fait, des fausses pistes : un message aux anciens voisins, partis à Bordeaux. Denis tombera dans ce panneau en allant sur place pour rien. Et une autre fausse piste évoquant une formation de mécanicienne en Bretagne. Dans les trois premières semaines de la fuite, le père va chercher très loin alors que sa fille n'est qu'à quelques dizaines de kilomètres.

Denis Mannechez essaye alors de pousser sa fille à la faute, en proposant, *via* sa famille, de l'argent pour elle et surtout pour Quentin : « Fais-moi parvenir un RIB, que je vous fasse un virement. » La proposition est trop transparente. Virginie ne tombera pas dedans.

Dans le même temps, avec son fils, c'est l'euphorie pour Ninie, des joies simples, mais inconnues. Ils commencent à mener une vie un peu plus normale.

Sauf qu'on ne peut pas vivre sans l'administration. Premier problème insoluble : Virginie ne peut pas bénéficier longtemps d'un hébergement d'urgence ou d'un relogement, parce qu'elle est la principale propriétaire de la maison de Plainville étant donné que cette maison avait été acquise à l'époque où le couple devait cacher aux autorités leur « communauté de vie ». Mais maintenant, elle ne peut et ne veut plus y vivre. Et ne peut pas, pour le moment, s'occuper de sa vente. Ni demander à Denis de quitter « sa » maison pour s'y installer. Mais ça, l'administration française ne le comprend pas. Et c'est ainsi que beaucoup d'erreurs sont faites en matière de protection des femmes battues.

De la même manière, il faut une domiciliation postale. Et cela ne peut pas être Plainville. Heureusement, une association à Beauvais accepte de s'en charger. Mais Denis est malin et manipulateur. Parmi son réseau d'amis, ses anciens clients de garage, ses amis de chasse et ses connaissances sur les sites de rencontres, il y a une femme qui travaille à la poste. Elle a été bouleversée par le récit déchirant de ce père qui ne voit plus son enfant à cause de sa méchante ex-femme. Il joue le jeu à fond, il s'est mis en arrêt maladie et a vu un médecin. Il a tous les arguments du mari abandonné.

En attendant, cela lui libère du temps pour la traque. Tout est bon pour retrouver Virginie. Quand tout lui échappe, il se pose en reptile. C'est lui la victime, et les autres, les coupables. Virginie en l'occurrence. Première piste : il obtient son adresse postale à Beauvais. Il commence à faire le pied de grue dans cette zone commerciale. Heureusement, en ce jour de fin septembre où Virginie vient relever son courrier, elle le voit de loin, avant lui, et fait demi-tour avant qu'il ne la repère.

Dès lors, on bascule dans l'autre phase de la fugue. Ce n'est plus la joie de la liberté, au contraire, le compte à rebours mortel est lancé. Le père machiavélique comprend qu'ils ne sont pas loin, qu'il va les trouver. Il a tout son temps et personne ne l'empêchera. Virginie devient une femme aux abois, vivant dans le stress, la tension et la peur permanente. La juriste fait le maximum et comprend bien son désarroi, elle est prête à tout pour la protéger. L'hôtel et l'adresse postale, on oublie. Il faut un autre lieu d'hébergement. Il y en a qui se libère, mais pas avant le 10 octobre. D'ici là, il va falloir jongler. Virginie précise qu'elle a une idée.

Maintenant, Quentin a repris l'école, donc tout un réseau d'amis va servir de chauffeurs pour l'amener et le récupérer. On fait promettre à la directrice de ne jamais remettre l'enfant à Denis Mannechez ni à un de ses proches. Ce qui n'arrivera heureusement pas.

Maintenant, il faut présenter une nouvelle personne qui a joué un rôle fondamental dans la vie de Virginie et qui a su lui tendre la main au moment où elle en avait le plus besoin : Frédéric P., le patron du garage familial de Gisors, dans lequel elle travaille depuis plus d'un an. Il n'a qu'à se féliciter de cette nana péchue qui aime réellement la mécanique et s'est parfaitement adaptée à son équipe de mecs un peu machos. Quand Virginie lui demande de l'aide fin septembre, il n'hésite pas une seconde. Il dispose à l'étage du garage d'un logement aménagé avec tout le nécessaire, il le lui prête bien volontiers en attendant sa location du 10 octobre. Il ne se pose pas de question, c'est un homme généreux !

Dans l'esprit de Denis Mannechez, forcément, il y avait une aventure entre eux. Pour lui, aucun homme ne fait rien gratuitement. Normal, c'est ainsi que lui fonctionne.

Cette hypothèse sera plus tard creusée par les enquêteurs autant qu'il est possible, et leur conclusion est formelle : cette liaison n'existait que dans l'esprit jaloux maladif du père incestueux. Il n'y a jamais rien eu entre le patron et l'employée, sinon un sincère respect. Frédéric P. est juste un homme bien ! Apprécié de son équipe et de ses clients, parfaitement heureux dans son couple et sa vie de jeune papa. Sauf qu'avec ce geste généreux, il a, sans que personne s'en doute, signé son arrêt de mort.

Donc fin septembre, Virginie reprend son poste au garage pendant la journée et, le soir, elle dort juste au-dessus, dans le petit appartement aménagé.

Il ne reste qu'une semaine à vivre à Virginie et Frédéric P.

Le vendredi, Virginie fait ses courses en grande surface, remonte dans sa voiture et… qui voit-elle dans son rétro ? Denis Mannechez. Elle appelle Clémence, paniquée :

— Il m'a retrouvée, il m'a retrouvée, il est là, il me suit dans la voiture, derrière.

Pour la juriste, il avait toujours été clair qu'il n'y aurait aucune attaque judiciaire contre lui, sauf que là, il n'y a pas d'alternatives :

— Allez à la gendarmerie déposer plainte tout de suite, lui conseille Clémence. Et pendant ce temps, je fais un courrier au procureur.

Ma sœur se rend donc à la gendarmerie de Gisors. Ce n'est qu'au dernier moment que Denis, voyant flotter le drapeau français et les mots « Gendarmerie nationale » écrits sur le fronton, fait demi-tour tandis que Ninie se rue à l'intérieur. Comme malheureusement trop souvent dans ces cas de femmes fuyant leur compagnon, elle est reçue par un officier qui lui répond qu'il ne peut pas agir :

— Votre conjoint s'est-il déjà montré violent envers vous depuis le 8 septembre ?

En conséquence, malgré tous les éléments donnés par Ninie et la décision d'Amiens, sa plainte ne sera pas prise en compte.

Aucun gendarme ne se déplacera à Plainville pour retirer les armes potentielles de Denis Mannechez afin d'éviter un drame, ou ne serait-ce que pour lui faire une leçon de morale. Les conjoints violents savent qu'ils sont dans l'illégalité. Parfois, quand l'autorité les menace, cela peut suffire ! Je doute que cela aurait arrêté mon père, mais avec ses armes en moins et un sermon, il aurait peut-être hésité… Qui sait ?

Les gendarmes se contenteront de faire des rondes autour du lieu de travail (et de vie) de Virginie et Quentin. Ce qui ne servira à rien.

Quant au signalement fait par Clémence au procureur de la République, précisant bien qu'il y va de la vie d'un enfant et d'une femme, ne sera pas traité dans l'urgence.

Que faut-il de plus pour que la justice intervienne aujourd'hui ?

Tous les éléments du drame à venir se mettent malheureusement en place.

Pendant le week-end, Virginie et Quentin vivent terrés. On leur fait leurs courses. Si elle a besoin de sortir, Virginie se couche à l'arrière de la voiture conduite par un ami, pour ne pas être reconnue ni suivie.

J'ignore tout cela quand je reçois la visite de mon père au cours de ce week-end. Le dimanche 5 octobre 2014, mon père me laisse en effet un message :

Je vais venir chez toi pour parler.

Je mets ma voisine aux aguets et je reste tout près de la fenêtre, prête à baisser le volet selon le signal convenu. Il entre :

— Peux-tu m'héberger ?

— Non, c'est trop petit chez moi, et j'en peux plus de vos histoires.

— Qu'est-ce que je vais faire tout seul ?

— Reprends-toi en main, fais ta vie. Deviens un père normal, tu as d'autres enfants… (J'essaie de le remettre dans son rôle de père et non de compagnon.) Tu as des petits-enfants aussi, occupe-toi d'eux ! Il serait temps de prendre ta véritable place !

Il comprend que je ne l'aiderai pas dans ses problèmes. Jamais.

— Je suis venu te dire au revoir. J'en peux plus, je vais me suicider.

— Arrête avec ça et pars ! Moi aussi je dois y aller d'ailleurs !

Je devais en effet aller récupérer mes enfants chez leurs pères. Nous montons dans nos voitures, et je m'aperçois qu'il a changé de véhicule. Pourquoi ?

Il tourne d'un côté, moi de l'autre, mais ce changement me turlupine. Est-ce qu'on change de véhicule quand on a envie de se suicider ? Et pourquoi le même modèle et la même couleur que la mienne ? Ninie connaît ma voiture, veut-il se faire passer pour moi pour endormir sa méfiance ? Au moment où cette idée me vient à l'esprit, je ne fais pas attention, je rentre dans un camion.

Le père de ma fille vient me chercher. Je lui raconte mon entrevue avec Denis :

— Il va se passer quelque chose, j'en suis sûre.

— Quoi ?

— Il a parlé de suicide…

— Depuis le temps que tu le souhaites, tu devrais être contente.

Et c'est vrai que j'ai souhaité son suicide mille fois : j'aurais ainsi pu retrouver ma sœur, être libérée de tout ce poids… Mais là, je n'arrive pas être rassurée. Mon père est trop étrange… Il va se passer un truc !

Lundi 6 octobre. Rien. Mardi 7 octobre, aucune nouvelle pendant une grande partie de la journée jusqu'à 18 h 25, quand je reçois ce SMS de Denis :

Bisous aux enfants.

Mais comme je suis déjà arrivée au travail, je ne le verrai qu'en fin de service, à 23 heures. Je pense : *Toujours sa grandiloquence suicidaire. Va-t-il vraiment le faire cette fois ? Est-ce son adieu ?*

Ce SMS arrive vingt-cinq minutes avant le double drame.

15

Le double drame

(Gisors, 7 octobre 2014, 18 h 50)

Étant sans nouvelles, j'imagine que la situation se normalise. J'ignore que Denis a retrouvé Virginie et Quentin. Et donc que le compte à rebours mortel est enclenché. Je suis inquiète et pleine de mauvais pressentiments, mais la journée du mardi 7 octobre, le jour du drame, je ne suis au courant de rien. Le mercredi, rien non plus. Et le jeudi, ce n'est que quand je rentre chez moi après mon service du midi qu'une cousine m'appelle *via* Messenger :

— Betty, rappelle-moi, il s'est passé un truc, c'est grave !

À ce moment-là, je suis convaincue qu'on va m'annoncer que mon père a été retrouvé suicidé quelque part. J'attends que mon compagnon soit là pour me soutenir. Et ensemble, on appelle la cousine. Le pire coup de téléphone de ma vie. Mon sang se glace dans mes veines :

— Ton père a retrouvé Ninie.

— Quoi ? C'est pas possible ! Comment cela, où était-elle ?

— À son travail !

Je pressens le drame. Pourquoi est-elle retournée à son travail, sachant qu'il la cherchait partout ?

— Où est ma Ninie *?*

— Ton père l'a tuée, son patron aussi, et lui aussi. T'es pas au courant ? C'est passé hier sur France 3 Picardie à 19 heures. Tout le monde est mort. Sauf l'enfant de Ninie, mais il a tout entendu !

La terre s'ouvre sous mes pieds et je tombe.

J'apprendrai après coup toutes les étapes de la traque. Et comment, ce mardi 7 octobre, il s'est positionné en planque à quelques dizaines de mètres du garage, aux alentours de 7 heures du matin. Malgré les rondes de la gendarmerie.

Dans sa voiture, il a des lunettes de soleil et des perruques afin que personne ne le reconnaisse. Et surtout, un pistolet semi-automatique de calibre 6.35, chargé. Il reste là quelques heures à observer les va-et-vient à la jumelle. Il voit le patron arriver, puis les employés. Mais ni Virginie, ni Quentin, qui, il l'ignore, dorment sur place.

On sait qu'ensuite, il a fait une promenade dans Gisors, quelques petites courses pour manger. Avant de se repositionner à son poste d'observation. Comprenant après déjeuner que Virginie doit déjà être sur place, il attend calmement le soir, que la zone industrielle se vide pour passer à l'acte. Il n'est pas bouleversé ni sur le qui-vive. Pour preuve, il s'est aménagé de quoi dormir à l'arrière de son véhicule et il va en profiter pour faire une sieste d'une petite heure.

Vers 17 heures, il voit son fils rentrer de l'école et comprend que sa « compagne » et leur fils dorment sur place. Vers 18 h 50, la zone industrielle se vide de ses travailleurs. Un ami du garagiste venu discuter quelques instants quitte à ce moment-là les locaux. Il croise cet homme avec la capuche sur la tête, marchant d'un air décidé vers le garage. Il ne fait pas attention, il pense à un client.

Et Frédéric, qui commence à fermer la porte de devant, repère lui aussi Denis qui fonce droit vers lui. Le garagiste, commerçant, se porte au-devant de ce client tardif. Mais il n'a pas le temps de lui adresser la parole : Denis Mannechez lui tire dans l'épaule gauche à bout portant. Frédéric aura juste le temps de faire quelques mètres avant de s'effondrer dans le hall de son entreprise, le projectile ayant traversé sa cage thoracique.

Sans la moindre émotion, Denis Mannechez poursuit son œuvre de mort. Il repère Virginie à l'arrière de l'entreprise, sur une dépanneuse, en train de rentrer un 4 X 4. Il tire dans son pare-brise, puis arrive à la portière côté conducteur. Une première balle dans son épaule gauche et immédiatement une autre en plein dans la tempe. La jeune femme de 33 ans tombe sur le côté. Sa sinistre mission accomplie, Denis retourne l'arme contre lui et se tire une balle dans la tête.

L'ami du garagiste, qui a entendu les coups de feu, fait demi-tour, mais quand il arrive, il est déjà trop tard pour tout le monde, sauf pour Denis qui est dans le coma. Prévenus, les secours sont sur place dès 19 heures. Un hélicoptère transporte le tueur aux urgences du CHU Charles-Nicolle de Rouen. Son pronostic vital est engagé.

Les gendarmes arrivent au même moment sur place. Leur travail va se faire à rebours : ils avaient déjà toutes les informations en amont, ils n'ont donc pas besoin d'enquêter et la scène de crime est limpide : un tueur dans le coma, deux victimes, et une arme de poing avec cinq balles manquantes dans le chargeur, dont les douilles sont sur la scène de crime. Pas de problème d'identification, mobile limpide.

En outre, ils disposent d'un témoin de poids qui va leur raconter la scène. Il a entendu le premier coup de feu et entrevu la suite du carnage depuis l'étage : c'est Quentin, 12 ans. Son père-grand-père a tué sa mère-demi-sœur parce qu'elle voulait une vie enfin normale.

Je pense à lui constamment. Comment parviendra-t-il à surmonter cela ?

La justice, en se trompant lors des deux procès, en ne réincarcérant pas mon père, a commis une terrible erreur et, désormais, de n'avoir rien fait pour empêcher la conséquence, mais c'est trop tard.

La juriste qui a aidé passionnément Virginie sera dégoûtée et changera de métier.

La famille P. déplore la perte de l'un de ses siens, qui s'est juste trouvé sur le chemin d'un tueur déterminé et implacable.

À juste titre, elle n'aimera pas le raccourci journalistique « il s'est trouvé au mauvais moment, au mauvais endroit ». Parce que, comme elle le fera justement remarquer, Frédéric P. était dans son garage, en train de faire son métier. C'est Denis Mannechez qui n'était pas à sa place. Comme il n'était pas à sa place dans la vie de Virginie. Frédéric P., 31 ans ne verra jamais grandir son enfant. Et son enfant ne connaîtra pas son père.

Et nous, les enfants Mannechez, nous avons perdu notre seul point d'attache, la meilleure d'entre nous, ma Ninie. Nous ne pourrons plus jamais nous retrouver.

Si Denis lui a tiré dans l'épaule gauche, ce n'est pas un hasard. Virginie s'y était fait tatouer une rose avec inscrit « Denis pour toujours » en 2002. Mais, depuis son départ du domicile conjugal, elle la faisait effacer. Et ce jour-là, lorsqu'il a constaté la disparition du tatouage, il n'a pu le supporter.

16

L'ultime procès

Couverture de *Paris-Normandie* du 3 mai 2015 : *Affaire Mannechez : le père tueur sort du coma.* L'information se répand comme une traînée de poudre. Tout le monde était convaincu que Denis ne sortirait pas vivant de son carnage au garage P. de Gisors. Et, contre toute attente, six mois plus tard, le revoilà. Cet homme est increvable ! Quand j'apprends la nouvelle de son réveil, j'ai le sentiment que le destin s'acharne contre nous, contre moi.

Mais non : cette fois, rien ne va se dérouler comme lui le souhaite. Nous n'avons jusqu'alors connu que ses manipulations qui lui ont permis de toujours retourner la situation en sa faveur. Cette fois, nous allons connaître la justice et la vérité.

Dans un premier temps, Denis conserve son premier avocat. Et celui-ci poursuit son roman précédent : après avoir clamé qu'entre Virginie et Denis, c'était la plus belle histoire d'amour, maintenant la conclusion dramatique n'a qu'une explication : c'est un crime passionnel. La boucle est bouclée.

Avec une éminente consœur, il est allé lui rendre visite à l'hôpital, pour commencer dès maintenant à monter cette nouvelle stratégie judiciaire. Sauf que l'homme qu'ils ont en face d'eux n'est plus que l'ombre de lui-même : la balle qu'il s'est tirée dans la tête n'a pas été retirée, trop dangereux. Il est hémiplégique. Il ne peut pas parler, même si son cerveau fonctionne normalement. Pour s'exprimer, il se contente de cligner les yeux pour « oui » et de ne pas bouger pour « non ». Dans ces conditions, la conversation est très difficile. Donc un troisième procès, cette fois pour double assassinat, est théoriquement possible, mais pratiquement très compliqué.

Cette information continue de cogner dans ma tête : Denis est vivant et Virginie est morte. J'aurais tellement préféré que ce soit l'inverse ! Je n'ai plus ma sœur, mais j'ai encore ce père. J'ai peur de le revoir. Je sais que l'affronter est une étape essentielle de ma reconstruction mais le savoir lui, cette force de la nature qui nous a toujours terrorisés, aussi faible, me met mal à l'aise. Je ne veux pas tirer sur l'ambulance. Il n'y a aucune gloire à dire ses quatre vérités à quelqu'un qui ne peut pas vous répondre. J'ai cru mourir de douleur à plusieurs reprises depuis le décès de Ninie, et me venger sur un handicapé ne me rendra pas ma sœur. Mon médecin me propose des tas de médicaments pour sortir de ma dépression, mais je ne veux pas de ces béquilles à vie, je dois réussir seule, enfin. Être à la hauteur de mon histoire sans tomber dans l'addiction.

Cette fois, ce n'est pas l'enquête judiciaire qui prend du temps. Comme je l'ai raconté, elle est quasiment finie le jour du drame. Ce n'est pas le temps infini de la justice dont j'avais toutes les raisons de me plaindre lors des deux procès pour inceste. Il faut juste attendre le temps nécessaire pour que Denis récupère et soit capable de supporter une audience dans des conditions satisfaisantes pour tout le monde.

3 mars 2018. J'ouvre ma boîte aux lettres à mon retour de service : le procès de Denis va se tenir à Évreux en décembre 2018. Il durera trois semaines. Ce mois de décembre est normalement le mois de la préparation de Noël, le mois des joies des enfants et des retrouvailles familiales. Pour moi, ce sera celui de l'ultime affrontement. Pendant trois semaines, je vais devoir partir loin de mes enfants tous les jours pour aller revoir celui qui a brisé la vie des siens et celle d'une autre famille innocente qui n'avait rien demandé. Il faut que je tienne jusque-là et que je m'y prépare. Ce qui est proprement impossible.

Je verse des larmes lourdes, chargées de toute cette histoire. Mes enfants ont désormais peur pour leur maman. Il me faut « combattre le diable avec l'amour » pour eux, car c'est le seul sentiment créatif. C'est aussi le seul que je n'avais pas le droit de ressentir, enfant. Donc il doit l'emporter sur la raison, la force et le courage pour l'honneur de Ninie. Il me faut faire face et déchirer le voile pour laisser la vérité éclatante faire jour.

Que cette fois, ce soit bien le procès de mon père, pas le nôtre.

Le 3 décembre 2018 est arrivé. J'embrasse mes enfants plus longuement que d'habitude et ils savent pourquoi. Le trajet jusqu'à Évreux me paraît infini. Pour ménager les forces de l'accusé, les audiences n'ont lieu que l'après-midi, donc en cette fin de matinée, je roule sur l'autoroute. Je repasse mon intervention dans ma tête, même si cette fois, elle paraît simple : il suffit de dire ce que j'ai sur le cœur, la vérité cette fois !

Le temps est à l'image de ma tristesse, un océan de pluie qui ne sera transpercé de quelques rayons de soleil qu'à mon arrivée à Évreux. Je le prends pour un signe de ma Ninie. Je suis sûre qu'elle est avec moi, et je passerai tout le procès avec une photo d'elle dans mes mains.

Devant le palais de justice, il y a du monde : ce procès est le dernier événement judiciaire de l'année. Je croise deux journalistes avec lesquels j'ai accepté des interviews depuis la mort de Ninie, histoire de rappeler que le coupable, c'est Denis, pas nous. Et que dans la guerre contre l'inceste, la peur doit changer de camp et le mur du silence se lézarder.

Mes frères et sœur ne comprennent pas ma position : pour eux, cela jette l'opprobre sur notre nom. Je pense au contraire que seul Denis est éclaboussé. Résultat : au procès, ma fratrie m'évite et me snobe.

Il y a donc trois « clans » de parties civiles. D'un côté, la famille de Frédéric P. qui a peur qu'on lui vole son procès. Dès que j'en aurai l'occasion, j'irai les voir et parler avec eux, même si c'est à cause de mon père qu'ils sont détruits. Au fil des jours, ils comprendront que les responsabilités sont nombreuses dans ce drame, mais ne portent en aucun cas sur les enfants, et certainement pas sur Virginie. Ils font face à Denis.

Ensuite, mes frères et sœur sur les bancs de gauche et enfin moi, toute seule à droite, près de mon avocat.

Nous sommes maintenant installés dans la salle d'assises, aménagée pour l'occasion. Elle bénéficie en effet d'une installation pour fauteuil roulant à l'extérieur et dans la salle. À cause de son fauteuil, Denis ne comparaîtra pas dans le box des accusés mais juste devant, avec une infirmière à ses côtés, son avocat et une tablette tactile sur laquelle il répondra aux questions de sa seule main valide, en tapant sa réponse lettre à lettre. Une voix artificielle fera résonner ses écrits dans toute la salle.

J'ai peur qu'il soit tellement diminué que ce combat paraisse indécent. Mais nous prenons du retard car Denis a demandé à bénéficier d'un droit dont, selon les journalistes spécialisés, aucun accusé ne se sert jamais : la possibilité d'examiner avec son avocat en profondeur la liste des jurés, leurs professions, âges, etc. Je suis rassurée, Denis a bien toute sa tête et compte, encore une fois, mener ce procès à sa guise. Il a aussi changé d'avocat. Exit le notable d'Amiens, cette fois, c'est un « simple » avocat : maître Marc

François. Est-ce une bonne nouvelle ou encore une manipulation ?

Arrive le moment redouté, celui de son arrivée – son entrée en scène, devrais-je dire. Tout le monde fait silence, les journalistes sont aux aguets, les gendarmes vont et viennent dans tous les sens. Cela fait quatre ans et demi que je ne l'ai pas vu. Il passe à ma hauteur dans la travée centrale et est installé devant le box. Enfin, je le regarde. Le choc ! Il semble avoir pris vingt ans, ses cheveux sont tout blancs et épars, son visage est hâve et pâle. Il paraît défait, en survêtement, si maigre et affaibli. Un demi-homme.

Je dois faire la part des choses entre ma terreur d'enfant et ce vieillard inoffensif. Il ne faut pas qu'une nouvelle fois, la justice se fasse manipuler par son apparence. Il faut qu'on parle des souffrances d'enfance, qui n'ont jamais été approfondies, « des causes à effets », des appels au secours jamais entendus par la société… Je serre la photo de Ninie.

Le président s'adresse à Denis pour vérifier le bon fonctionnement du système. Je dois me faire à l'idée que je n'entendrai pas la voix de mon père, mais que ce sont bien ses mots. Le président lui conseille de lever le pouce de sa main valide pour signifier « oui » et de le diriger vers le bas pour « non » afin de ne pas perdre trop de temps à l'écrire. Ces trois semaines vont durer une éternité en communication tant sa parole est à chaque fois longue à venir. Le magistrat nous prévient aussi que de temps en temps, Denis a des rictus incontrôlés, que nous ne devons en tirer aucune interprétation, car cela n'est pas forcément lié à la discussion en cours. Je m'apercevrai qu'au contraire, ce n'est jamais par hasard que Denis penche d'un coup la tête en arrière, bouche grande ouverte, sans qu'aucun son ne sorte.

Et je vais le constater dès l'appel des témoins. Mon nom est cité, je me lève et m'avance. Denis me regarde et « crie ». De manière muette. Mais « j'entends » ce cri étouffé. Pour moi, c'était son cri, enfant. L'enfant qui a mal et n'a jamais pu exprimer sa souffrance. Je me dis : *Eh oui, tu sais qui je suis, mais tu ne me connais pas véritablement.*

Je vais devoir te mettre face à toi-même, face à tes véritables émotions, tuer le monstre que tu es devenu. Le combat sera rude.

Les premiers jours sont consacrés aux personnes qui ont été contactées par Ninie pour échapper à Denis en septembre 2014. C'est la chronique d'une mort annoncée et la culpabilité de ceux qui n'ont pas fait, ou pas assez.

Puis vient le tour de la famille P. Je découvre alors combien le patron de Ninie était un « homme bien », victime de l'égoïsme de notre père. Je suis contente pour ma sœur qu'elle ait connu un tel patron, une telle main tendue, à l'époque où elle ne croyait plus en rien.

Ce procès est très différent des deux autres que j'ai connus, car pour la première fois, la parole des victimes est véritablement entendue et l'avocat de mon père la laisse s'exprimer pleinement, sans chercher à la contrer. C'est violent, mais bénéfique : pour la première fois, la vérité est dite. C'est trop tard pour Ninie et Frédéric P., mais les enfants vont peut-être enfin prendre leur place.

C'est ainsi que mes frères et sœur viennent à la barre. Ils vident leur sac, enfin. L'arrestation de leurs parents et leurs placements, en apparence une mauvaise nouvelle, ont en fait été la chance de leur vie. Ils ont commencé à vivre le jour où ils n'ont plus été sous le joug de Denis. De son box, je vois celui-ci encaisser les coups comme un boxeur dans les cordes.

Le plus beau jour de la vie de tes enfants ? Ce fut le jour de leur placement ! Le prochain ? Le jour de ton décès ! Ils t'excluent de leurs vies. Ils ne seront plus ton punching-ball, tes esclaves, tes marionnettes.

Les journalistes sont sidérés de l'implacable violence de ce qu'ils entendent. Tout le monde comprend enfin l'enfer qu'on a vécu.

Ma mère est appelée comme témoin de l'accusation. Elle se déclare la principale victime de Denis. Elle évoque son emprise, sa vie gâchée, sa culpabilité, son dégoût. Sauf qu'elle oublie qu'elle était la seule à être adulte et en capacité de réagir.

Et on lui pose la question :

— Quelle a été la place de Betty dans la famille ?

— Betty n'a jamais eu de place ! Mais si elle n'avait pas été là, on serait tous morts aujourd'hui !

Merci de le reconnaître, mais le résultat, c'est que je n'ai toujours pas ma place.

— Avez-vous participé aux relations de vos filles avec votre mari ?

— NON !

Une vérité, un mensonge. Ainsi fonctionnera ma mère jusqu'au bout. Je suis dégoûtée. Jamais elle ne se remettra en question.

Puis mon tour arrive. Je suis la dernière à témoigner, après, il n'y aura plus que les plaidoiries. Mon intervention fera l'objet de nombreux commentaires. Je ne veux pas être dans la haine comme ma fratrie, même si je la comprends. Pour autant, je ne veux pas laisser dire que Virginie ait eu une quelconque faute, qu'elle était folle d'être amoureuse de Denis. Elle n'a jamais choisi. Je veux que la vérité soit faite sur ce point, pour être en paix avec mon âme.

— J'aimerais comprendre comment on a fait pour en arriver là ? C'est ça qu'il faut analyser et comprendre. C'est la base pour moi.

Je regarde Denis et me dis que je n'arriverai pas à me libérer de lui. Il est constamment dans ma tête. Si Virginie n'est plus là, c'est *à cause de lui.*

— Lors d'un échange sur Facebook avec notre cousine, ma sœur avait écrit : « En partant, j'ai peur d'avoir réveillé le mauvais côté en lui. » Nous voyons le résultat. Et pourtant, je ne sais pas si je pourrai le détester. Car je n'ai pas envie de me construire dans la haine. La haine et l'égoïsme n'existent pas chez un enfant meurtri. Et c'est toute la clé de ce procès !

La salle houle : que n'ai-je pas dit ? J'explique les viols, les IVG, les coups, puis je regarde mon père en face.

Le président me rappelle à l'ordre :

— Madame, il faut nous regarder, nous. Et vous adresser à nous uniquement.

— C'est plus fort que moi. Pendant les deux premiers procès, je vous ai regardé « vous », à en pleurer. Aujourd'hui, ma sœur n'est plus là. Donc je vais parler pour nous deux et m'adresser à lui, si vous le permettez ?

— Faites !

— Tu sais, Denis, Virginie et moi, nous n'étions pas comme ta mère, nous n'étions pas des putes. Le Mal, ce n'est pas nous, le Mal, c'est toi. Moi, j'étais juste une enfant malheureuse qui voulait de vrais parents.

Le changement d'avocat n'y est sans doute pas pour rien : ce procès est totalement différent des deux autres. Pour la première fois, nous, les enfants, ne disons pas ce qu'il a envie d'entendre, mais ce que nous avons à lui dire. Et, encore plus surprenant, il écoute et semble comprendre. Denis est remis à sa place, peu importe son handicap.

Je suis passée par l'enfant qu'il a été pour l'atteindre. Il sait, au fond de lui, ce qu'il a fait. Il en découvre seulement maintenant les conséquences : ses enfants ne l'aiment pas, Virginie incluse. Sa vie est, par conséquent, un échec complet.

Mon interrogatoire se termine, je retourne m'asseoir, tout le monde me regarde quand Denis lève la main pour signifier qu'il veut s'exprimer.

Pendant quatorze jours, il s'est contenté de « oui », « non », « je ne me rappelle pas… ». Là, il se concentre sur sa tablette numérique. Comme la transcription est longue, le temps semble suspendu. Enfin, les premières phrases sont prononcées par son robot :

— Betty, pardon pour tout le mal que je t'ai fait subir. Tu es arrivée après la mort de ma deuxième fille. Tu seras pour la fratrie un nouveau repère. (*Première fois qu'il me complimente.*)

Quand je vois la femme, maman, sœur, que tu es devenue, je suis, nous sommes, fiers de ta maturité.

Tu prendras conscience que tu as les mêmes capacités que Virginie que tu as tant aimée.

Elle était une maman responsable, aimante, avec un courage et une volonté sans limites…

C'est un pas énorme de sa part, envers nous. Il constate qu'il est en train de tout perdre, par sa faute. Même Quentin ne veut plus rien avoir à faire avec lui. Le « presque adulte » est représenté au procès, mais lui-même ne viendra jamais. Il n'a pas envie de revoir son père biologique. Il est convaincu que l'homme qui a assassiné sa mère ne peut rien de bon pour lui. Denis, qui se rêvait en patriarche d'une grande tribu…

Le week-end passe et nous revenons pour les plaidoiries et le réquisitoire. Chacun joue sa partition.

C'est bouleversant, tout ce gâchis causé par un seul homme.

C'est pourquoi, à la toute fin du procès, Denis Mannechez accepte de faire ce que lui enjoignaient les psychiatres : reprendre sa place normale au sein de la famille. Il accepte de ne pas être le père de Quentin et d'être au mieux son grand-père. Ainsi, il nous redonne notre place à chacun dans notre arbre généalogique. Et, dans une certaine mesure, s'excuse de ce qu'il nous a fait endurer. C'est pour moi une victoire, amère, mais une victoire.

Délibérés. Verdict : Denis Mannechez est condamné à la réclusion criminelle à perpétuité. Il l'accepte et annonce qu'il ne fera pas appel.

Sa peine ne soulage pas mon esprit. Rien ne le soulagera, j'en suis encore fragilisée, mais les choses sont posées. À leur place.

Cette nuit-là, à 4 heures du matin, je me réveille en nage et en hurlant. Mon compagnon me calme :

— C'est fini, Betty, c'est fini, il ne te fera plus de mal !

Dans mon cauchemar, je voyais mon père dans son fauteuil roulant. Il reculait en criant mon prénom, en me tenant les bras. Il voulait que je l'attrape, le retienne. Et je ne le faisais pas.

Le lendemain midi, mon avocat m'appelle :

— Betty, êtes-vous au courant ?

— Au courant de quoi ?

— Votre père est mort d'un arrêt cardiaque. Il a été retrouvé au repas du matin, inanimé, dans sa cellule.

Je hurle et pleure. Pendant tout le procès, je l'ai observé et vu, condamné, et je répétais à mon avocat :

— Il ne va pas tenir jusqu'à la fin.

Il a tenu, puis il est parti. Comme si c'était écrit. Comme si jusqu'au bout, cette histoire devait rester hors norme.

Une enquête a été diligentée pour vérifier qu'il ne s'agissait pas d'autre chose. Non, il ne s'est pas suicidé ; non, il n'a pas été assassiné, il est juste mort. Je pense qu'enfin, il se regardait comme nous, ses enfants, le voyons. Et que cette image pour l'éternité n'était pas envisageable. Dans le huis-clos de sa conscience, il a compris que la messe était dite…

Denis Mannechez a été enterré à la fosse commune, ni moi, ni aucun de ses proches, n'était présent.

De mon côté, je suis en vie, mais pour quelle vie ? Un de mes fils aura cette phrase hautement réconfortante :

— Maman, tu sais, malgré la famille qu'on a, tu es une maman extraordinaire. Et on arrive à être heureux, malgré tout !

Merci, mon fils. Merci, mes enfants, de me rappeler qu'il y a toujours une lumière au bout du tunnel.

Épilogue

Aujourd'hui, mon combat, c'est l'enfant. L'inceste broie tout. Cela commence par une trahison : ceux qui sont censés nous protéger et nous aider à grandir, ce sont eux qui nous détruisent. C'est pourquoi après, nous évoluons avec d'énormes difficultés. Nos repères sont en miettes, nos liens essentiels sont cassés. Je nous vois, nous les enfants victimes de l'inceste, avec un trou béant en nous. Nous avons beau essayer de le combler, il suffit d'un rien pour que tout s'effondre, vu que les fondations ne sont pas là.

Parfois, j'avance dans ma vie de femme, de mère, de salariée pendant des mois sans difficulté. Je commence à croire que tout est derrière moi. Puis d'un coup, tout s'effondre, je recule de deux ans en un instant.

À ce jour, je reste prisonnière de mon passé, je ne suis pas totalement libérée de l'emprise psychique de mes parents. La vie, la vraie vie m'est encore en partie inconnue. Il y a des caps que je n'arrive toujours pas à passer (mais je me promets qu'un jour, j'irai voir la tour Eiffel).

J'essaie de vivre mes véritables émotions, pour que mes enfants n'aient pas une maman « artificielle ». J'espère que l'écriture me permettra de tourner quelques pages. Deux ans après la mort de ma sœur, j'ai repris mes études. En psychologie, pour espérer venir en aide à d'autres enfants blessés. Je m'y révèle particulièrement brillante. Et en étudiant, j'ai compris que je n'avais pas été un enfant, mais que ce n'était pas de ma faute… Ça m'a soulagée.

Pour autant, je dois continuer à me battre chaque jour… Comme des milliers d'autres enfants victimes du même crime. On doit se battre notamment contre l'aveuglement de la société et une justice parfois laxiste et perverse. Alors qu'il pourrait être si simple de remettre l'enfant à la bonne place dans tous les domaines. C'est une simple question de volonté.

Mais cette fois, dans mon combat, mes enfants m'accompagnent. Ils ne cessent de m'épater car ils s'épanouissent beaucoup mieux que je ne l'aurais imaginé. Comme quoi, rien n'est jamais perdu.

Remerciements

Je vous souhaite à tous de défendre à jamais tout ce qui vous paraît juste si vous êtes persuadés au fond de votre âme que cela peut sauver des vies. Je n'avais qu'une seule chance, une seule qui s'est offerte à moi pour me libérer car j'ai vite compris que la justice était la barrière infranchissable et j'ai appris à mes dépens qu'elle m'a fait tout perdre, sauf mon intégrité et ma fidélité.

Je remercie Julien Mignot qui m'a aidée à remettre un peu d'ordre et d'humanité dans cette histoire, qui a été mon binôme dans l'écriture de ce livre. Pour moi, le métier de journaliste ressemble assez à celui du couturier : de fil en aiguille, plus on avance sur un sujet, plus il change d'allure. Ce qui amène un autre regard à notre histoire, pour tout enfant qui peine à se construire tout au long de sa vie dans la solitude.

Je remercie tous ceux qui, à Saint-Pathus, ont fait partie du semblant de liberté que nous avions à l'école par leurs histoires de famille, leurs sourires d'enfants qui nous ont enrichis d'espoir dans notre profonde terreur et nos racines noircies d'avance.

Je remercie aussi mon meilleur ami, qui fut mon premier mari, le père de mes fils, et qui a compris qu'on ne tombe pas amoureux d'une famille et qu'à jamais dans la vérité nous pouvons être liés à vie malgré tout.

Merci à mes cinq enfants qui ont tout traversé avec moi et qui aujourd'hui m'ont permis d'être ce que je suis et de me retrouver dans mes rêves d'époque qu'un jour je partirais pour donner la vie dans un monde qui me ressemble.

Je dédicace ce livre à celle qui m'a menée jusqu'ici : ma sœur, Virginie, la femme la plus honorable dans ce monde, qui a sacrifié sa vie pour permettre aujourd'hui à d'autres de vivre.

Que l'honneur lui soit rendu pour l'avenir de son fils et son combat de montrer à tous ceux qui souffrent encore de ce drame terrible qu'est l'inceste. N'oubliez jamais que rien n'est de votre faute, que vous pouvez vivre normalement en brisant le silence, que derrière l'uniforme on peut trouver de l'humanité…

Je crois encore aux valeurs de la famille, de l'honnêteté, de l'amitié et du respect.

Je fais partie de ces personnes qui vivent de petites choses, un sourire, une pensée ou un geste inattendu. Dans le fond, la chose la plus importante au monde est de pouvoir se regarder dans le miroir en se disant : « Je fais de mon mieux, et j'ai fait du mieux que j'ai pu. »

Merci enfin à vous, chers lecteurs. Que, grâce à City Éditions, nous prenions le chemin « du droit à l'enfant, ensemble… ».

Achevé d'imprimer en avril 2021
sur les presses de la Nouvelle Imprimerie Laballery
58500 Clamecy
Numéro d'impression : 104011

Imprimé en France

La Nouvelle Imprimerie Laballery est titulaire de la marque Imprim'Vert®